고구려를 이룬 다양한 사람들
고구려 남자, 고구려 여자

■ 이 저서는 2017년 정부(교육부)의 재원으로 한국연구재단의 지원을 받아 수행된 연구임(NRF-2017S1A6A4A01019863)

■ This work was supported by the National Research Foundation of Korea Grant funded by the Korean Government(NRF-2017S1A6A4A01019863)

동북아역사재단
교양총서 08

고구려를 이룬 다양한 사람들

고구려 남자, 고구려 여자

김현숙 지음

동북아역사재단
NORTHEAST ASIAN HISTORY FOUNDATION

간행사

우리나라를 둘러싼 동북아 지역의 역사 갈등은 여전히 한창이고, 점차 심화되고 있습니다. 우리 동북아역사재단은 2006년에 동북아 지역의 역사 갈등을 미래지향적으로 해결하고, 나아가 역내 평화체제를 구축하려는 목적으로 출범하였습니다. 이때는 항상적으로 제기되고 있던 일본의 역사 왜곡에 더하여 고구려, 발해 역사를 둘러싸고 중국과 역사 분쟁이 일어났습니다.

한국과 일본 사이의 역사문제는 19세기 말 일제의 침탈과 식민지배 때부터 있어 왔습니다. 지금도 일제의 식민지배에 대한 진정한 사죄와 일본군'위안부' 문제, 전쟁에의 강제 동원과 수탈, 독도영유권 등을 둘러싸고 논쟁과 외교 마찰이 일어나고 있습니다. 중국은 개혁 · 개방 이후 급속하게 경제발전을 이루면서 체제를 안정시키고 선린외교에 주력하였으나, 주변국과의 관계에서 주도권을 잡고자 하는 과정에서 자연스럽게 역사문제를 둘러싸고 이웃과 대립하게 되었습니다. 그중 동북 3성 지역의 역사에 대해서는 이른바 '동북공정'이라는 것을 통하여 중국 영토 안에서 일어났던 역사를 모두 자기 역사 속에 편입하고자 함으로써, 우리의 고대사(고조선, 부여, 고구려, 발해 등)와 충돌하게 되었습니다.

우리 재단은 이런 역사 현안을 우리 입장에서 연구하면서, 다른 한편으로 우리 국민이나 다른 나라 사람들이 우리의 연구 결과를 같이 공유하고, 이를 쉽게 알 수 있도록 교양 수준의 책을 출간하게 되었습니다. 한·중·일 역사 현안인 독도, 동해 표기, 일본군 '위안부', 일본역사교과서, 야스쿠니신사, 고조선, 고구려, 발해 및 동북공정 관련 주제로 우리 재단 연구위원을 중심으로 재단 외부 전문가들로 필진을 구성하였습니다.

모든 국민들이 이 교양서들을 읽어서, 역사·영토 현안을 올바르게 인식하고 나아가 우리가 동북아 역사 갈등을 주도적으로 해결하여, 평화체제를 이룩하는 데 주역이 되기를 바랄 뿐입니다.

동북아역사재단

이사장 김도형

책을 내며

한국고대사, 그중에서도 고구려사를 전공하면서 고대국가의 구조와 통치체제, 운영원리 등에 대해 파악하려고 노력했다. 손에 잡히지도 않고, 상상으로 그려보기도 힘들 만큼 오래전 일들을 몇 줄 되지도 않는 사료들을 이리저리 조각을 맞춰가며 복원해 보려고 애를 썼다. 그런데 제도와 구조를 화두로 삼고 지내면서도 마음이 더 가는 곳이 있었다. '사람'이었다. 고구려 사람들, 그들은 무슨 생각을 하며 어떻게 살았을까에 자꾸 관심이 갔다.

고구려 사람들에 대한 글을 꼭 쓰고 싶었다. 그러저러한 역사적 상황 속에서 그들은 어떻게 생각하고 어떻게 행동했는지, 그들도 우리랑 생각하는 게 별반 차이가 없었는지, 아니면 고대 사람들이라 우리랑 엄청 달랐는지 궁금했다. 하지만 역사서에 나오는 사람들 이야기는 쉽게 쓸 수 없는 주제였다. 어렵게 쓰기도 어렵고 쉽게 쓰기도 어려운 것이 사람 이야기다. 요즘은 분위기가 많이 바뀌었지만 이전에는 정식 논문 외에 이른바 잡글(?)을 쓰는 것에 대해 시선이 곱지 않았다. 물론 논문도 많이 발표하면서 소소한 글쓰기를 하는 사람은 훌륭하다고 평가받지만, 논문도 제대로 내지 않으면서 대중용 글쓰기를 하는 데 대해서는 마뜩찮아 하는 것이 학계의 분위기였다.

하지만 지금까지 책을 못낸 더 큰 이유는 필자의 나이와 경험 그리고 글쓰기 능력의 부족이었다. 역사 속 사람을 논하는 것은 많은 인생 경험과 연륜을 담보해야 하는 일이다. 어차피 역사의 무게가 담겨 있을 수밖에 없는 역사인물 이야기를 누구나 알기 쉬운 용어로 이해하기 쉽게 쓴다는 건 정말 내공이 필요한 일이다. 그래서 어느 출판사와 15년 전에 이미 고구려 사람 이야기를 책으로 내겠노라고 해놓고는 그 약속을 지키지 못했다. 이 모든 어려움들이 해결되어서 이 책을 내놓는 건 아니다. 이젠 더 이상 도망갈 길이 없어서 마침내 출판을 하게 되었다.

이 책은 사람을 통해 당시 고구려의 역사와 사회상을 살펴볼 수 있도록 구성했다. 학생들이나 일반인들이 논문이나 연구서 대신 이 책을 읽더라도 고구려사의 기본적인 내용을 파악할 수 있도록 건국부터 발전, 갈등, 멸망과 그 후에 일어난 일들에 관여한 인물들을 선별했다. 최대한 풀어서 쓰되 근거자료가 없는 얘기는 쓰지 않았다. 고구려 관련 사료는 대부분 활용했지만 그 중에서도 『삼국사기』「고구려본기」를 가장 중심으로 삼고 글을 썼다. 무리한 상상보다는 근거자료에서 조금 더 추론해 들어가는 선에서 글을 작성했다. 그러다 보니 결국 재미없고 딱딱한 부분이 여전히 많은 책이 되어 버렸다.

평범한 사람들의 삶을 생생하게 그리고 싶었는데 사서에 남은 사람들을 중심으로 하다 보니 일반인들에 관한 얘기를 많이 할 수 없게 되었다. 예전에 써놓았던 글도 있고 새로 쓴 글도 있어서 글마다 약간 차이가 있는 것도 면구스러운 일이다. 시간을 좀 더 두고 숙성시켜서 내놓아야 하는데 그렇지 못한 글들도 있어서 더욱 그러하다.

한 명의 여자가 사회활동을 할 수 있었던 것은 또 다른 여자의 희생이 있었기 때문이었다. 어머니는 다른 친구들이 취직해서 예쁘게 차려입고 출퇴근할 때 청바지, 티셔츠에 운동화 신고 책만 들고 다니는 막내딸을 보면서 "너는 제일 좋은 시기를 이렇게 보내는구나" 하며 안타까워하셨다. 지난해 아흔일곱의 연세로 아버지 곁으로 가신 어머니는 건강상 할 수 없으실 때까지 우리 아이들을 돌봐주셨다. 학문적 업적을 그리 크게 쌓지는 못했지만 그래도 그것을 업으로 삼아 살 수 있게 된 데는 어머니의 희생과 돌봄이 가장 큰 뒷받침이 되었다. 정작 살아계실 때는 아무것도 못해 드리고 고생만 시켜드렸는데 이게 다 무슨 소용인가 싶기도 하지만, 조금이라도 보답이 될까 하여 소서노 같은 기개를 가지셨던 우리 어머니 영전에 이 책을 바친다.

2019년 11월

김현숙

목 차

제2장
영웅을 만든 고구려 여인들, 그들을 통해 고구려 사회를 들여다보다

오이, 마리, 협보

밀우와 유유

염모와 모두루

망명객 진

연개소문

연개소문의 자손들

고족유

이타인과 대조영

고선지와 이정기

1

기상과 용맹의 대명사, 고구려 남자들의 뒷모습

1 주몽 곁의 남자들, 오이, 마리, 협보

한 사람이 영웅으로 떠올라 세상의 존경을 받게 되기까지는 많은 난관을 돌파해야 한다. 여러 어려움을 잘 극복한 후 마침내 영웅이 되는데, 이때 혼자 빛나서 영웅이 된 사람은 거의 없다. 영웅에게는 대부분 도움을 준 친구나 형제 또는 신하가 있다. 고구려 영웅들 곁에도 이런 사람들이 있었다. 대표적인 예로 주몽이 부여를 탈출하여 남쪽으로 내려가 비류수가에서 나라를 세울 때, 그와 함께 했던 오이(烏伊), 마리(摩離), 협보(陜父)가 있다. 『삼국사기』「고구려본기」에는 "주몽이 오이·마리·협보와 친구가 되어 엄사수(淹淲水, 일명 개사수(蓋斯水)라고도 하는데 지금의 압록강 동북쪽에 있다.)에 이르러 흐르는 지천을 건너려 하는데 다리가 없었다. 추격해 오는 병사들이 닥칠까봐 두려워 물에게 말하기를 '나는 천제(天帝)의 아들이요, 하백의 외손이다. 오늘 도망하여 달아나는데 추격자들이 쫓으니 어찌하면 좋은가?'라 하였다. 그러자 물고기와 자라가 떠올라 다리를 놓아 주몽이 건널 수 있었다"라고 나온다.

이 중 오이는 임신간본에는 '조이(鳥伊)'라 되어 있고, 『삼국사기』 동명성왕(東明聖王) 즉위년조와 6년조 및 『삼국유사』 권1 「기이편(紀異篇)」 고구려(高句麗)조, 『삼국사절요(三國史節要)』 권1 갑신년조에는 '오이(烏伊)'라고 되어 있다. 짐작컨대 '조이'는 판각시 획을 하나 더 그어 생긴 오자이고, '오이'가 맞음을 알 수 있다.

『삼국사기』에는 주몽과 함께 압록강 중류 유역으로 내려온 3인의 친구 이름이 나오지만 『삼국유사』에는 마리와 협보 등의 이름은 나오지 않는다. 또 『위서(魏書)』 권100 「고구려전」은 주몽과 같이 남하한 친구들을 오인(烏引)·오위(烏違) 등 두 사람이라 하였고, 『북사(北史)』 권94 「고구려전」은 언위(焉違) 등 두 사람이라 하여 사서마다 약간씩 차이가 있다.

재미있는 것은 『삼국사기』 권13 「백제본기」 온조왕(溫祚王) 즉위년조에 백제 시조 온조왕(溫祚王)이 고구려에서 도망쳐 남쪽으로 내려갈 때 오간(烏干)·마리(馬黎) 등 십신(十臣)과 함께 갔다고 한다. 오간은 오이와 비슷하고, 마리(馬黎)와 마리(摩離)는 음이 똑같다. 이처럼 발음이 비슷한 인물들이 고구려와 백제의 건국 시조와 운명을 같이 한 공신으로 나오는 것에 대해 학계에서는 부여와 고구려가 '동명(東明)'을 시조로 하는 설화를 전하는 것과 같은 현상이라 본다. 부여 시조도 동명왕이고, 고구려 시조 주몽도 동명성왕인 것이 같은 부여계 신화에 뿌리를 두기 때문이며, 주몽의 남하 설화와 온조의 남행 설화도 같은 부여계 신화에서 파생되어 나왔음을 반영한다는 것이다

물론 고구려와 백제는 같은 예맥계가 건국 주체 세력이었고, 부여를 자신들의 출처로 삼는 공통점을 가지고 있으므로, 건국 신화도 부여의 건국설화를 차용했을 가능성이 있다. 하지만 또 다른 측면에서 고구려의 오이, 마리, 백제의 오간, 마리 등이 이름이 아니라 특정한 관직명이라고 본다면 지금까지와는 다른 방향에서 고구려와 백제의 건국 상황을 분석할 수 있다.

한편 유리왕도 친구들과 함께 부여에서 고구려로 내려왔다. 유리는 기둥 아래에서 주몽이 숨겨둔 부러진 칼 조각을 찾아 들고, 옥지(屋智)·구추(句鄒)·도조(都祖) 등과 졸본으로 갔다. 옥지, 구추, 도조는 오이, 마리, 협보와 발음이나 뜻에 유사성이 없다. 공통점이라면 단지 세 사람이었다는 것뿐이다. 주몽과 유리, 모두 부여에서 핍박을 받다가 친구 세 명과 함께 부여를 탈출하여 압록강 중류 유역으로 내려왔다. 주몽은 그들과 함께 고구려를 건국했고, 유리는 그들과 함께 아버지가 세운 고구려로 들어가 태자가 된 후 제2대 왕이 되었다. 여기까지는 주몽과 유리의 사정이 매우 비슷하다.

그런데 친구들을 살펴보면 두드러진 차이점이 있다. 오이, 마

리, 협보는 주몽대뿐 아니라 유리왕 대까지도 행적이 확인되지만, 옥지, 구추, 도조 등은 부여에서 고구려로 왔다는 기사만 있을 뿐이다. 오이는 동명성왕(東明聖王) 6년(기원전 32) 10월, 부분노와 함께 왕의 명령으로 태백산 동남쪽에 있는 행인국(荇人國)을 쳐서 그 땅을 빼앗았다. 고구려에서는 이 땅을 성읍(城邑)으로 삼았다. 오이는 또 유리왕(琉璃王) 33년(14) 8월에 마리와 함께 군사 2만을 거느리고 서쪽으로 가 양맥(梁貊)을 정벌했다. 고구려현(高句麗縣)을 습격하기도 했다. 오이와 마리는 군사적으로 눈부신 성과를 거두었다.

반면 협보는 고구려 내부의 국정을 담당했다. 『삼국사기』「고구려본기」 유리왕 22년조를 보면 협보는 당시 대보(大輔)라는 관직에 있었다. 유리왕이 천도한 지 얼마 되지 않아 국내 상황이 안정되지 않은 상태에서 사냥에만 열중하며 민생을 소홀히 하자 그러지 말라고 간언했다. 하지만 유리왕은 개국공신이자 부왕의 친구인 협보의 충언을 받아들이기는커녕 대보 관직을 박탈하고 정원 가꾸는 일을 맡겼다. 협보는 크게 화를 내며 남한(南韓)으로 도망가 버렸다. 이를 통해 대보가 고구려의 정치 운영을 관장하는 최고 위계를 가진 관직이었음을 알 수 있다.

이런 점들로 보아 주몽의 친구로 나오는 오이, 마리, 협보 등과 유리와 함께 내려온 옥지, 구추, 도조 등은 개인의 이름이라기보다는 군사와 정치를 담당하는 나라를 시작하는 단계에서의 관직을 지칭하는 것으로 볼 여지가 있다. 같은 맥락에서 온조와 함께 내려간 오간·마리 등 열 명의 신하도 특정 직무를 맡은 사람을 지칭하는 것이라 하겠다. 즉 고구려와 백제의 건국 시조와 뜻을 함께 했던 친구들의 존재는 초보적인 형태지만 당시 두 나라의 관직이 분화되어 있었음을 보여주는 것이라 할 수 있다.

2 왕건을 살린 신숭겸의 모델, 동천왕의 신하 밀우와 유유

왕건과 옷을 바꿔 입고 대신 죽은 고려의 충신, 신숭겸

신숭겸(申崇謙)은 평산(平山, 지금의 황해도 평산군) 출신으로 본관은 평산, 초명은 능산(能山), 시호는 장절(壯節)이다. 『고려사』에는 광해주(光海州, 지금의 춘천) 출신이라고 나온다. 체격이 장대하고 용맹하였다. 태봉 말기에는 홍유(洪儒) · 배현경(裵玄慶) · 복지겸(卜智謙) 등과 함께 궁예를 몰아내고 왕건을 추대하여 918년에 고려를 세우는 데 앞장섰다. 고려의 1등 개국공신으로 봉해진 후 대장군이 되었다.

신숭겸은 왕건이 후백제군과 치열하게 경합을 벌이던 태조 10년(927), 견훤이 이끄는 후백제군과 공산(公山, 지금의 경북 달성군 팔공산) 동수(桐藪)에서 벌어진 전투에서 사망했다. 견훤의 군대가 왕건을 포위하여 형세가 매우 위급해지자, 신숭겸은 죽기를 각오하고 싸워 왕건을 탈출시켰지만, 자신은 원보 김락(金樂)과 함께 전사하고 말았다. 그 고마움을 잊지 않은 태조 왕건이 신숭겸의 동생인 능길(能吉)과 아들 보를 원윤(元尹)으로 등용하고 팔공산에 지묘사(智妙寺)를 창건하여 명복을 빌게 했다. 그 뒤 성종 13년(994)에 태사로 추증되어 개국장절공(開國壯節公)으로 왕건의 묘정에 배향되었다. 고려 예종은 신숭겸과 김락을 추도하여 〈도이장가 悼二將歌〉라는 향가를 짓기도 했다.

고려군과 후백제군의 공산전투 과정은 사료에 남아 있지 않아 자세히 알 수 없지만 대구 지역에는 공산전투와 관련된 설화나 지명 유래 등이 많이 전해지고 있다. 당시 후백제는 신라를 계속 억압하는 상태였고 고려군은 신라를 돕고 있었다. 이때도 신라 수도인 서라벌을 겁박하는 후백제군에 맞서 신라를 구원하고자 고려군이 내려왔다. 고려군은 지금의 대구 북구 서변동의 무태에서 동화천을 따라 북동쪽으로 가서 연경을 지나 계속 동쪽으로 나아가다가 지묘동과 미대동을 거쳐 백안동, 또는 내학동 부근에서 동화사의 병력을 맞아 싸우게 되었다. 『삼국사기』「견훤전」에 보면 "왕건이 공산에 왔을 때 동수(桐藪, 동화사)의 병력이 고려군의 깃발을 보고는 뿔뿔이 흩어져 도망갔다"고 한다. 초기의 전세는 고려군에게 유리했던 것이다.

대구 서변동에 무태(無怠)라는 곳이 있는데, 무태라는 지명은 왕건이 병사들에게 경계에 태만함이 없도록 하라고 한 데서 비롯되었다는 설과 왕건이 이곳을 지날 때 지역 주민들이 태만하지 않고 부지런한 것을 보고 무태라 했다는 설이 있다. 또한 이곳에서 동화천을 따라 북동쪽으로 가다 보면 연경(硏經)이라는 마을이 나온다. 연경은 왕건이 이곳을 지날 때 선비들의 글 읽는 소리가 낭랑하게 들려와서 붙여졌다고 한다.

당시 고려군은 팔공산 동화사 아래를 무사히 통과하고 후백제군을 격파하기 위해 능성고개를 넘어 영천 방면으로 나아갔다. 『신증동국여지승람』에는 고려군과 후백제군이 영천의 태조지(太祖旨)에서 전투를 벌였다고 한다. 태조지는 영천군 읍치에서 30리쯤 떨어진 곳에 있으며, 대체로 은해사 입구로 추정된다. 이 전투에서 고려군이 패하여 후퇴하게 되는데, 퇴로는 대개 그들의 진출로와 같았다.

태조지에서 패한 고려군은 동화천변을 따라 지묘동으로 퇴각해 지금의 서변천과 금호강이 합류하는 지점인 살내[箭灘]에서 군사를 재정비하였다. 지묘1동과 지묘3동 사이에 '나팔고개'라는 곳이 있는데, 고려군이 후퇴하자 후백제군이 승리의 나팔을 불면서 이 고개를 넘었던 데서 붙여진 지명이라고 전해진다. '살내' 역시 고려군과 후백제군이 하천 양쪽에서 서로 쏜 화살이 강을 이루었다는 데서 유래했다.

'살내'에서 두 나라 군이 대치하고 있을 때 신숭겸과 김락이 이끄는 증원병이 합세하였다. 전열을 재정비한 고려군이 후백제군을 밀어붙이며 진출한 곳이 미리사(美里寺) 앞이었다. 이곳은 지금의 파군재에서 동화사로 올라가는 길과 파계사로 올라가는 길 사이에 위치한 지묘동 왕산(王山) 아래 기슭이다. 이곳에는 현재 신숭겸 장군의 순절단과 '고려장절신공순절지지(高麗壯節申公殉節之地)'라고 새겨진 비석과 표충재가 서 있다.

동천왕의 충신, 밀우와 유유

후백제군에 포위되어 꼼짝없이 몰살당할 위기에 처한 상황에서 신숭겸은 태조 왕건과 옷을 바꿔 입었다. 자신이 왕건인 양 나서서 적의 집중 공격을 받아 전사했고, 덕분에 왕건은 탈출할 수 있었다. 고려 충신의 대명사가 된 신숭겸 이야기는 많은 시간을 거슬러 올라가 고구려 초기 역사의 한 장면에서 데자뷰 현상을 일으킨다. 동천왕을 죽음의 기로에서 살려내고 전사한 밀우와 유유의 이야기에서다.

밀우는 동부(東部) 출신이었다. 244년에 고구려를 침략한 위장(魏將) 유주자사(幽州刺史) 무구검(毌丘儉)은 이듬해 환도성을 함락시킨 후, 현도태수(玄菟太守) 왕기(王頎)로 하여금 동천왕(東川王)을 추격케 했다. 동천왕은 남옥저로 급히 달아났는데, 황초령으로 비정되는 죽령(竹嶺)에 이르렀을 때에는 군사들이 거의 다 흩어진 상태였다. 이때 밀우가 죽기를 각오하고 적을 막을 테니 그 틈을 타 도망하라고 동천왕에게 말했다. 그는 결사대를 모집해 적진으로 달려가 싸우다 쓰러졌다.

사잇길을 이용해 사지에서 겨우 벗어난 동천왕이 흩어진 병사들을 수습한 뒤 "밀우를 데려오는 사람이 있으면 후한 상을 내리겠다"고 했다. 그러자 하부 출신의 유옥구(劉屋句)가 자청해 나와 "신이 가겠습니다" 하고 곧장 전장으로 달려가 쓰러져 있는 밀우를 업고 돌아왔다. 동천왕이 밀우를 자기 무릎에 눕혀 놓았더니 한참만에야 깨어났다.

위나라의 추격은 멈추지 않았다. 동천왕은 별다른 계책이 없어 어찌할 바를 몰랐다. 그때 동부인(東部人) 유유(紐由)가 나서서 "사세가 매우 위급하오니 헛되이 죽을 수는 없습니다. 신이 음식을 가지고 가 위나라 군대를 대접하면서 기회를 엿보아 적장(敵將)을 찔러 죽이겠습니다" 하고는 음식을 싸들고 적진으로 가 거짓으로 항복했다. 그러고는 적장 앞에 나아가 음식 그릇에 감추어 둔 칼을 꺼내 가슴을 찌른 뒤 함께 죽었다. 장수를 잃은 위나라 군대는 혼란에 빠져 어지러워졌다. 동천왕이 이 기회를 놓치지 않고 군사를 세 길로 나누어 공격하니 위나라 군사들은 우왕좌왕하다가 마침내 낙랑 쪽을 거쳐 퇴각했다.

동천왕은 충성스런 부하들 덕분에 겨우 위기를 모면하고 나라를 회복했다. 그는 전쟁이 끝난 후 신하들의 공을 가려 후하게 포상을 내렸다. 일등공신인 밀우에게는 거곡(巨谷)과 청목곡(青木谷)을 식읍으로 주었고, 안타깝게 전사한 유유는 구사자(九使者)로 승진시켜 주고 아들인 다우(多偶)를 대사자로 삼았다. 목숨을 걸고 전장으로 뛰어들어가 밀우를 구해 온 유옥구에게는 압록두눌하원(鴨淥杜訥河)의 땅을 상으로 내려주었다.

왕을 위해 목숨을 바치는 데 주저하지 않았던 신하와, 쓰러진 신하를 자신의 무릎에 눕히고 깨어날 때까지 기다리는 왕, 그들 사이에 흐르는 신뢰와 충성심이 돋보이는 이야기다. 동천왕과 신하들 사이의 끈끈한 정은 왕이 서거했을 때 여실히 드러났다.

동천왕이 죽자 국인(國人) 가운데 왕의 은덕을 생각해 서러워하지 않은 사람이 없었고, 근신 중에는 따라 죽으려는 사람들이 많았다. 후계왕인 중천왕(中川王)이 예가 아니라며 말렸지만, 장례일에 능에 와서 몰래 순사(殉死)한 사람이 많아, 섶을 베어 그 시체들을 덮어주고 그곳을 시원(柴原)이라고 했다. 신하들을 사랑하고 아끼는 지도자와 그 지도자를 목숨 걸고 지키고, 따라 죽을 정도로 받들었던 신하, 이제는 역사책의 한 귀퉁이에서나 찾아볼 수 있는 전설 같은 이야기가 되어버리고 만 것은 아닌지.

3 고구려와 가문의 영광을 위하여, 염모와 모두루

염모 무덤인가, 모두루 무덤인가?

고구려의 두 번째 수도였던 지금의 중국 지린성(吉林省) 지안시(集安市)는 북한의 만포시와 압록강을 사이에 두고 마주 보고 있다. 지안에서 만포 쪽을 바라보면 마을길로 트럭이 가끔 다니고 강가에 나와 고기를 잡는 사람들도 보인다. 지안의 대표적인 고구려 유적인 국내성, 광개토태왕비, 장군총과 태왕릉 등 왕릉급 무덤이 모두 세계문화유산으로 등재된 후 이곳을 찾는 관광객들이 이전보다 많아졌다. 고구려 유적지를 돌아본 관광객들은 유람선을 타고 압록강을 유람하는 데 중국인 유람선 선장은 북한 쪽까지 접근했다가 돌아나온다. 그때 관광객들은 북한 사람들에게 손을 흔들거나 환호성을 지르기도 하는데, 이들을 대하는 북한사람들의 반응은 그때그때 다르다. 어떨 때는 반갑게 손을 흔들어주지만 어떨 때는 기분 나쁜 표정을 짓기도 한다.

압록강을 우측에 끼고 운봉댐 방향으로 차를 타고 20분쯤 가다 보면 오른쪽으로 양어장들이 몇 곳 나오고 조금 더 가면 하해방 고분군이 나온다. 1962년 유적 조사 때는 고구려 무덤이 50여 기가 있었다고 하는데 지금은 30여 기만 남아 있다. 무덤이 있던 자리에는 옥수수나 포도 등이 탐스럽게 자라고 있다.

이 옥수수 밭 안에 5세기 중엽에 만들어진 직경 22미터, 둘레 70미터, 높이 4미터가량의 고구려 석실봉토분(石室封土墳)이 있다. 무덤은 철책으로 둘러싸여 출입이 금지되어 있고 앞에 있는 표지석에는 염모묘(冉牟墓)라고 적혀 있다. 이 무덤은 1935년 9월 지안중학교 왕영린 교사가 무덤 안에 글씨가 있다고 만주국에 제보하였는데, 다음 날 당시 만주국 교육부 소속 중국학자 진위푸(金毓黻)가 와서 확인하고, 일본학자 이케우치 히로시(池內宏) 등도 살펴봄으로써 알려지게 되었다. 발견 당시에는 모두루(牟頭婁) 무덤이라 불렀는데 1940년 중국학자 라오간(勞幹)이 이 무덤의 주인공을 염모(冉牟)로 본 논문을 발표한 후 중국에서는 모두 염모묘라고 부른다. 하지만 한국학자들과 일본학자들은 지금도 모두루 무덤이라고 부른다. 왜 그럴까?

무덤에 묻힌 자, 염모인가 모두루인가?

무덤의 주인을 다르게 파악하는 것은 무덤 현실 윗벽에 적혀 있는 묘지명에 등장하는 두 인물 중 누구를 주인공으로 보느냐에 따라 의견이 나눠졌기 때문이다. 묵서명 묘지는 가로 80행에 세로로 10자씩 적혀 있어 800자에 달한다. 발견 당시부터 흐릿하고 훼손되어 읽을 수 없는 부분이 많았다. 이중 판독이 가능한 글자는 대략 400여 자에 이른다. 이후 1994년 폭우로 모두루 무덤이 물에 잠기자 통화사범대학(通化師範大學) 경테화(耿鐵華) 교수가 무덤 안에 직접 들어가 보수공사에 참여한 후 읽은 글자가 436자라고 한다.

이 묵서명 첫 번째 줄에는 '대사자모두루□□(大使者牟頭婁□□)'라고 적혀 있다. 이 무덤의 주인이 모두루라고 보는 학자들은 이를 이 묘지의 제기(題記)로 본다. 염모가 주인이라고 보는 학자들은 두 번째 줄 첫 번째 칸에 적힌 글자를 '문(文)'으로 읽었다. 그에 따라 대사자 모두루가 이 글을 적었다는 의미로 파악했다. 그래서 묘지 전반부에 이름이 여러 번 나오는 '염모'가 무덤 주인이며, 대사자 모두루는 염모의 묘지를 작성했거나 그를 섬기던 부하였다고 본 것이다. 무덤 주인공에 대한 논란이 지금까지 계속되고 있는 또 다른 이유는 모두루묘지라고 보기에는 염모에 대한 내용이 지나치게 많이 적혀 있기 때문이다. 그럼 이 무덤은 모두루와 염모, 둘 중 누구의 무덤일까?

묘지명의 구성과 내용

지금까지 여러 사람들이 이 묘지명을 판독했다. 그중 우리나라에서는 『역주 한국고대금석문(韓國古代金石文)』Ⅰ(1992)에 실린 노태돈 교수의 판독문이 가장 많이 알려져 있으므로 그 판독문을 중심으로 묵서명의 구성을 살펴보자.

1. 大使者牟頭婁(下缺)
2. □(下缺)
3. 河泊之孫日月之子鄒牟
4. 聖王元出北夫餘天下四
5. 方知此國郡最聖亻□□
6. 治此郡之嗣治□□□聖
7. 王奴客祖先□□□北夫
8. 餘隨聖王來奴客△□△
9. 之故□□□□□□□
10. 世遭官恩□□□△□上
11. 聖太王之世△□□□△
12. 祀□△□□□□□□□

13. 非宀枝□□□□□□□□

14. 叛逆糸□之△□□□△

15. 冉牟□△□□△△□□

16. 遣招□□□□□□□□

17. 拘雞□□□□□□□□

18. 曁農□□□□□□□□

19. 忄□□□□□□□□□

20. 恩亻□△□□□□□□

21. 官客之□□□□□□冉

22. 牟令彡靈□□□□□□

23. 慕容鮮卑□氵使人□知

24. 河泊之孫日月之子所生

25. 之地來□北夫餘大兄冉

26. 牟扌□□公△彡□□□

27. △△□□□□□□□□

28. 牟婁□□□□□□□

29. 命遣□□□△□□□□

30. □□□□□□守□□□

31. □□□□□△□□□□

32. □□□□□造世□□□

33. □□□□□苑□□□□

34. □□□□□△□□□□

35. □□△△△△□□□□

36. □△河□□□□□□□

37. □夫△□□□□□□□

38. □河泊日月之△□□□

39. □□△祖大兄冉牟壽盡

40. □□於彼喪亡糸由祖父

41. □□大兄慈△大兄□□

42. □世遭官恩恩祖之△

43. 道城民谷民幷領前王□

44. 育如此遝至國□上大開

45. 土地好太聖王緣祖父亻

46. 尒恩教奴客牟頭婁□□

47. 牟教遣令北夫餘守事河

48. 泊之孫日月之子聖王□

49. □□△昊天不弔奄便△

50. △□奴客在遠哀切如若

51. 日不□□月不□明△△

52. △□□□□□□□□□

53. □□□□□國□□□□

54. 知□△△在遠之□□□

55. 遝□□教之□△□□□

56. □潤太隊踊躍□□□□

57. △令教老奴客□□□□

58. 官恩緣□□道□□□□

59. 使△西□□□□□□□

60. □極言教△心□□□□

61. □□□△□□□□□□述

62. □□□□□□□□□□

63. □□□△不□□□□□

64. □△△△□□□□□□

65. □□□一□□□□□□

66. □△依如若□△□□□

67. 知△△□□△□□□□

68. 可△△□如△□□□□

69. □□□朔月□□□□□

70. □□□△△□□□□□

(이하 10행은 전혀 보이지 않으므로 생략함)

노태돈의 원문(原文) 판독은 『통구(通溝)』에 수록된 사진판에 의거하였고, 71행 이하는 사진 상으로 전혀 판독되지 않아 생략했다. 원래 세로로 쓴 묵서지만 판독문에서는 각 행을 가로로 정렬했다. 그리고 종래에 판독이 된 글자지만 노태돈 자신이 판독할 수 없는 글자는 '△'로 표시하였고, 글자는 분명하게 있으나 판독이 되지 않는 글자는 '□'로 표시했다.

묘지명의 1~2행은 제목이고, 3~11행까지는 북부여 출신인 모두루의 선조가 주몽과 함께 내려왔으며 그 덕분에 집안대대로 관은을 입었는데 그것이 '△강상성태왕지세(△□上聖太王之世)'까지 이르렀다는 내용이다. 12~40행까지는 염모에 관한 내용을 적어놓았다. 염모는 반역 사건이 일어났을 때와 모용선비가 쳐들어왔을 때 공을 세움으로써 북부여 지역 지배권을 가지게 되었던 것 같다. 40행 마지막 두 글자와 41행의 '조부□□대형자△대형□□(祖父□□大兄慈△大兄□□)'은 염모가 죽은 후에도 후손들이 그의 은덕으로 대대로 관직을 가져 '성민곡민(城民谷民)'을 다스렸다고 한다.

44행 이후는 모두루에 관한 내용으로 그는 '국강상대개토지호태성왕(國□上大開土地好太聖王)' 때 '영북부여수사(令北夫餘守事)'가 되었다. 북부여 지역의 지방관이 된 것이다. 염모는 '북부여대형'이라고만 되어 있어 관등만 나올 뿐 관직명이 없는데, 모두루는 '영북부여수사'라는 관직명이 적혀 있어 차이가 난다.

염모는 지방관이라기보다는 반역 사건과 모용선비와의 전쟁에서 세운 공과 북부여 출신이라는 지역 연고권에 따라 북부여를 식읍으로 받아, 그 지역의 총괄 지배권을 가졌던 것으로 보인다. 반면 모두루는 중앙에서 파견된 지방관으로 광개토태왕 대에 북부여에 파견되어 장수왕 대까지 근무했다. 그는 광개토태왕 서거 당시 멀리 있었고, 몹시 슬퍼했다. 자신을 '노노객(老奴客)'이라 한 것으로 보아 꽤 연로했던 것 같다. 묘주가 염모라면 무덤 주인공이 스스로를 노객(奴客)이라 칭할 리 없다며, 모두루가 염모의 신하이기 때문에 노객이라 했다고 주장한다. 그러나 모두루는 자신이 광개토태왕의 신하라는 의미에서 노객이라 한 것이다.

묘지명을 양적으로 나누어보면 염모에 대한 내용이 38행, 모두루에 대한 내용이 36행이어서 무덤 주인을 중국학계처럼 염모로 봐도 이상하지 않다. 그런데 묘지명 첫째 줄을 제목으로 보고 내용 전체를 살피면 모두루가 주인공이라고 보는 것이 더 합리적이다. 모두루 집안의 시조 할아버지가 주몽과 함께 북부여에서 내려와 염모 대에 이르러 나라에 큰 공을 세워 가문을 중흥시킨 덕에 대대로 관은을 누릴 수 있었고, 또한 모두루 자신도 광개토태왕의 신하로서 조상들의 고향인 북부여를 통치하는 지방관으로 임명되는 은혜를 입었다고 서술한 것으로 볼 수 있기 때문이다. 이 무덤과 묘지명의 주인공은 모두루이고, 염모는 그 집안을 중흥시킨 중시조로 보는 것이 자연스럽다.

염모가 활약했던 시기는 언제였나?

묘지명에 의하면 염모는 모종의 반란 사건을 진압하여 명망이 높았고, 북부여를 침공한 모용선비를 물리침으로써 모두루의 집안을 중흥시킨 중시조가 되었다.

염모가 활약한 시기를 두고도 견해가 나눠져 있다. 대다수 연구자들은 염모의 모용선비 격퇴사건이 일어난 시기를 346년경으로 본다. 모용황(慕容皝)은 동방 진출을 위해 339년에 고구려를 치러 왔고, 342년에는 환도성(丸都城)을 파괴했다. 그리고 345년에는 모용각(慕容恪)이 남소성(南蘇城)을 공격했고, 346년에는 부여를 침공했다. 고구려로서는 북부여 방면의 방위가 긴급했는데, 그 임무를 염모가 담당한 것으로 보았다.

하지만 필자는 염모가 모용선비를 물리친 사건이 285년에 일어났다고 본다. 1997년에 쓴 중후기 고구려 지방통치체제에 대한 논문에서도 그렇게 보았는데, 이 글을 작성하면서 다시 한번 더 이 문제를 살펴보았다. 20년이 지난 지금도 이에 대한 생각은 변함이 없다.

두 가지 이유 때문이다. 하나는 염모의 첫 번째 공이 반역 사건을 진압한 것인데, 고국원왕 대에는 반역 사건이 일어났다는 사료가 어디에도 없다. 그러나 서천왕 대에는 왕자들의 반란이 일어났었다. 다른 하나는 342년에 모용황이 고구려로 쳐들어와 미천왕의 시신을 실어가고 왕모(王母)를 납치하자 고국원왕은 어머니를 모셔오기 위해 연나라가 준 작위를 받고 사신을 보내는 등 허리를 숙일 수밖에 없었다는 것이다. 즉, 346년에 모용선비가 부여를 칠 때 고구려는 움직일 수 없는 상황이었으며, 한동안 적극적인 대응이 불가능했다. 그러므로 염모가 큰 공을 세운 사건은 285년 무렵 부여가 혼란한 틈을 이용해 이 지역으로 진출하려는 고구려와 모용씨 세력이 부딪치는 과정에서 발생한 것으로 보는 쪽이 더 타당하다.

물론 이때 북부여 지역을 완전히 고구려 영토로 편입한 것은 아니었다. 새로 부여 왕이 된 의라(依羅)가 진(晉)의 동부교위부(東夷校尉府)의 지원을 받아 모용외(慕容廆)의 군대를 격파하고 도성을 회복했기 때문이다. 그러나 부여는 나라를 회복한 후에도 모용선비의 계속된 침략과 고구려의 압박을 견디지 못하고 결국 수도를 농안(農安)으로 옮겼다. 이런 상황을 감안할 때 부여 지역이 고구려 영토로 완전히 들어온 것은 4세기 이후지만, 3세기 말경 이미 일부 지역을 점거했던 것으로 보인다.

지금의 지린에 중심지를 두고 있던 북부여는 진(晉) 태강(太康) 6년(285), 모용외의 침공으로 국가 존멸의 위기에 처했다. 그때 잔여세력이 북옥저로 가서 동부여를 건설했다. 고구려는 이미 북옥저를 지배권에 넣은 상태였다. 따라서 고구려의 도움과 묵인 없이는 이들이 동부여를 건설할 수 없는 상황이었다. 즉 고구려는 부여가 모용선비의 침공을 받자 그 지역 일부를 잠식하는 한편, 부여의 일부 세력을 자국의 지배권 아래 있는 옛 북옥저 지역으로 인도해서 동부여를 세우게 해주었던 것이다. 광개토태왕비에 따르면 고구려는 동부여를 백제, 신라와 마찬가지로 자기들의 속민(屬民)으로 생각했다. 즉 고구려와 모용선비 는 부여를 차지하기 위해 몇 차례 군사적 충돌이 일어났고, 그중 염모가 큰 공을 세운 전투가 있었을 것으로 보인다.

모두루 묘지에 고구려 건국신화를 적은 이유는?

모두루 묘지의 본문은 "하박(河泊)의 손자(孫子)이며 일월(日月)의 아들인 추모(鄒牟) 성왕(聖王)이 북부여에서 나셨으니, 이 나라 이 고을이 가장 성스러움을 천하사방(天下四方)이 알지니…" 라는 구절로 시작된다. 그러면서 자신의 조상이 북부여에서 추모성왕을 수행하여 왔다고 밝히고 있다.

5세기 고구려에서는 '천제의 아들이자 물의 신 하백의 외손'인 주몽이 북부여에서 내려왔으며, 그 신성한 시조의 후손들이 다스리는 나라가 고구려임을 강조하는 건국신화를 국내외에 널리 알렸다. 이 건국신화는 광개토태왕비의 첫머리에 새겨졌고, 중국 역사서인 『위서』에도 실렸다. 고구려 왕들은 태왕, 성태왕, 호태성왕이라는 미화된 호칭으로 불렸는데 당시 고구려 왕의 권력이 매우 높았고 국력도 강성했다는 것을 보여준다. 왕을 비롯한 고구려 왕족들은 나라 밖 다른 사람들은 물론이고 고구려 일반 귀족들과도 태생부터 다른 신성한 존재라고 강조했다.

광개토태왕 대에 북부여 지역의 지방관이었던 모두루 묘지에 고구려 시조와 자신의 선조가 함께 북부여에서 내려왔다고 적었다는 것은 모두루 집안이 매우 유서 깊은 가문이고, 신성한 고구려 왕족과 깊은 인연이 있음을 자랑스러워한 것이며, 그것을 제일 내세우고 싶어 했다는 것을 보여준다. 또한 추모성왕이 나신 가장 성스러운 곳이자, 모두루의 선조가 태어난 곳이며, 나라에 큰 공을 세운 중시조 염모와 관련이 있는 북부여를 신성한 곳으로 추켜세움으로써 영북부여수사였던 모두루를 높이려 했다는 것도 알 수 있다.

모두루는 나라와 최고 지배자에 대한 자부심과 애정을 자신과 자기 집안의 자긍심으로 연결시킬 수 있는 세상을 살았던 것이다. 그리고 모두루가 살던 시기의 고구려는 중급 귀족인 모두루까지도 고구려 시조와 어떻게든 연결고리를 찾아보려고 했고, 그 내용을 묘지에 담고 싶어 할 만큼 나라에 대한 자부심이 높았던 시기였음을 알 수 있다.

잠깐 다른 이야기를 하자면, 1990년대 중반 이후, 한강 이북 지역의 아차산 일대에서 고구려 보루성들이 다수 발굴되었다. 이때 고구려 유물들이 무더기로 발견되었는데 그 가운데 납작

한 접시에 못 같은 뾰족한 물체로 쓴 '염모(冉牟)'라는 글자가 확인되었다. 이 유물이 출토된 유적은 6세기 중반경에 만들어졌다고 보는 것이 중론이다. 필자는 이미 광개토태왕 대에 한강 이북 지역을 차지했으므로, 이때부터 고구려 군사들이 주둔하는 보루성이 만들어지기 시작했을 것이라고 본다. 하지만 백제와 신라의 반격이 거세지는 6세기에 들어가면서 방어성들을 더 많이 더 조밀하게 설치했을 것이므로, 지금 확인되는 한강 유역 일대 고구려 유적의 완성 시점은 6세기 중반경이라고 본다.

어떻게 보든 접시가 사용된 시기와 염모가 활약했던 시기는 차이가 많이 난다. 그런데 왜 접시에 염모란 글자를 새겼을까? 이름난 영웅이기에 후대에도 그 이름을 자기 아들에게 붙이는 경우가 많았던 것일까? 아니면 모두루 가문의 후손 중 하나가 선조의 이름을 붙인 것일까? 한강 유역에서 발견된 '염모'란 글자가 새겨진 접시는 이런저런 상상을 하게 만든다. 이 접시는 지금 서울대 박물관에 보관되어 있다.

4 역사 따라 흘러왔으나 내 곁은 빈자리뿐, 망명객 진의 허무

덕흥리 벽화고분 묘주의 옆자리는 왜 비어 있을까?

2004년 북한과 중국이 공동으로 고구려 유적을 세계문화유산으로 등재했다. 중국은 지안시에 있는 태왕릉, 장군총을 비롯한 왕릉급 고분들과 광개토태왕비, 국내성, 환도산성 그리고 환런(桓仁)에 있는 오녀산성을 등록했다. 북한에서는 고구려 고분들을 등록했다. 이 고분들 가운데 죽은 이의 무덤방 안을 그림으로 가득 채워 그린 고분벽화가 있다.

고분벽화에서 벽은 삶의 세계였다. 벽에는 무덤 주인의 초상화, 직무 보는 모습, 나들이, 놀이패 공연, 손님 접대 등과 집에서의 생활 모습을 그렸다. 천장은 죽음의 세계이자 하늘의 세계였다. 천장에는 해의 신과 달의 신, 별자리, 상상 속 신성한 동물들, 신선 등을 그렸다. 시간이 흐르면서 이런 생활풍속도 대신 사방 벽면에 죽음의 세계를 지키는 청룡, 백호, 주작, 현무 등의 사신도를 유려한 선과 화려한 색감으로 그려 넣었다. 도록집과 사진집만 보아도 시간가는 줄 모를 만큼 재미있고, 흥미롭고, 환상적인 고분벽화들이 대략 120기 정도 남아 있다고 한다.

이 고분벽화들 가운데 유독 필자의 관심을 끈 그림이 있다. 덕흥리 벽화고분의 널방 북쪽에 그려진 무덤 주인의 초상화다. 초상화 옆에는 휑하니 빈공간이 남아 있다. 다른 벽화고분들과 비교해 보면 남자 묘주의 아내가 그려져야 할 자리다. 벽면과

덕흥리 벽화고분 묘주부부 그림
남자 묘주의 옆자리는 아내가 그려져야 할 자리인데 여백으로만 남아 있다.

천장, 통로까지 그림으로 가득 채워진 가운데 오직 이 부분만 여백으로 남겨둔 이유가 궁금했다. 그러고 보니 주인공이 바깥 행차하는 장면을 그린 행렬도에도 남자 묘주가 탄 마차에는 주인의 상체가 그려져 있는데, 그 뒤를 따르는 여자 묘주의 우마차는 비어 있다. 이 무덤 어디에도 안주인의 모습은 찾을 수가 없다. 왜일까?

덕흥리 벽화고분 묘주

덕흥리 벽화고분에 펼쳐진 세상

덕흥리 벽화고분은 이실분(二室墳)으로 무덤 안으로 들어가는 입구와 앞방 그리고 관을 안치하는 널방으로 이루어졌다. 천장은 궁륭 형태로 줄여가다가 천장 부분에서 평행고임식으로 마감했다. 앞방은 이단(二段) 고임, 널방은 오단(伍段) 고임으로 만들었다.

무덤 앞방 북벽에는 정면을 바라보며 앉아 있는 묘주의 초상화가 그려져 있고, 그 아래에는 직사각형의 석판이 비치되어 있다. 향을 피우거나 제수용품을 펼쳐놓는 용도로 보인다. 묘주 오른쪽에는 묘주를 향해 고개를 약간 숙여 업무 보고를 하는 유주(幽州) 소속 13군 태수들이 상하 2단으로 그려져 있는데 각 인물 옆에 그들의 직명이 적혀 있다. 동벽에는 불교의 칠보공양(七寶供養) 행사가 그려져 있다. 여기에 그려진 인물 가운데 한 명 옆에는 '차인중리도독(此人重裏都督)'이란 글자가 적혀 있다.

이 무덤에도 안악3호분처럼 행렬도가 있는데, 앞방의 남벽에서 시작해 동벽으로 이어진다. 네 줄의 행렬을 네 개의 단으로 나눠 펼쳐 그렸기 때문에 인물들의 모습을 모두 볼 수 있다. 무덤 주인공은 두 번째 단에 그려져 있다. 남자묘주는 말이 끄는 마차에 앉아 있고, 시녀들이 끄는 우마차가 그 뒤를 따르고 있다. 우마차는 보이는데 소에 매여 있는 수레에는 사람이 보이지 않는다. 기마 인물들이 앞서가며 뒤따르는 마차와 우차를 보호하며 행진하고 있다.

안악 3호분 행렬도보다 규모는 작지만 행렬의 구성은 대체로 비슷하다. 앞방 천장의 궁륭 부분 아래쪽에는 수렵도가 있고, 윗부분에는 천상세계가 펼쳐져 있다. 수렵도는 동쪽과 남쪽 천장에 사냥꾼 여덟 명이 호랑이, 사슴, 멧돼지 등을 향해 활을 쏘며 내달리는 모습으로 그려져 있다. 천장 위쪽은 해, 달, 별, 견우와 직녀, 신선 등 천상계의 존재들이 화면을 가득 채우고 있다.

교예도가 그려져 있는 통로를 지나 널방에 들어서면 북벽에도 묘주의 초상화가 있다. 이 초상화는 앞방의 초상화보다는 선명하지 않다. 눈길을 끄는 것은 앞에서도 얘기했듯이 묘주의 왼쪽 부분에 상당히 넓은 공간이 여백으로 남아 있는 점이다. 왜 부인의 초상화는 그리지 않았을까? 이 무덤의 남자주인, 묘주는 도대체 어떤 사람이었을까?

덕흥리 벽화고분 주인공 이름은 진

덕흥리 벽화고분에 쓰인 묵서명에 의하면 이 무덤에 묻힌 사람은 '□□군 신도현 도향 [중]감리(□□郡 信都縣 都鄕 [中]甘里)' 출신의 '진(鎭)'이란 사람이다. 이름 앞에 '□□씨(氏)'라고 적혀 있었는데 지금은 글자를 읽을 수가 없다. 진은 건위장군(建威將軍) · 국소대형(國小大兄) · 좌장군(左將軍) · 용양장군(龍驤將軍) · 요동태수(遼東太守) · 사지절(使持節) · 동이교위(東夷校尉) · 유주자사(幽州刺史) 등을 역임했다. 이중 국소대형은 고구려 관등이 확실하지만 나머지는 고구려에서 사용되었다는 증거가 없다. 이 때문에 그의 출신을 둘러싸고 한국, 북한, 중국, 일본학자들 사이에 논란이 계속되고 있다.

진은 77세에 사망했고 광개토태왕 18년, 즉 영락(永樂) 18년(408) 12월 25일에 무덤을 완성해서 영구(靈柩)를 옮겨 안치했다.

묵서명에 따르면 그는 불교신자였으며, 그를 무덤에 안치할 때 "주공(周公)이 땅을 살폈고, 공자(孔子)가 날을 택했으며, 무왕(武王)이 시간을 선택했다"고 한다. 그리고 "날짜와 시간을 택한 것이 한결같이 좋으므로 장례 후 부(富)가 칠세(七世)에 미치고 자손은 번창하고 관직도 날마다 올라 지위가 후왕(侯王)에 이르도록 하라"고 기원했다. 또 "무덤을 만드는 데 만 명의 공력이 들었고, 날마다 소와 양을 잡아서 술과 고기, 쌀은 먹지 못할 정도였으며, 아침 식사로 먹을 간장을 한 창고 분이나 보관해두었다"고 적었다. 끝에는 "기록해서 후세에 전하며, 이 무덤을 방문하는 자가 끊어지지 않기를"이라고 마무리했다.

고구려는 정말 베이징 일대까지 다스렸나?

덕흥리 고분벽화에는 다채로운 내용이 풍부하게 그려져 있고, 묘지 외에 그림 설명문까지 모두 600여 자에 이르는 묵서가 적혀져 있어, 1976년 발견 당시부터 각별히 주목을 받았다. 특히 묘지명을 통해 묘주 진이 408년에 안장되었다는 구체적인 연대가 나왔다는 것과 그가 유주자사를 역임했다는 점이 눈길을 끌었다. 역사서에도 나오지 않는 광개토태왕 당시의 국내외 정치 상황과 사회상 및 문화 등 새로운 정보들을 생생하게 접할 수 있게 되었기 때문이다.

이 고분은 발견 후 2년이 지난 1978년, 묘지명과 일부 벽화의 컬러사진이 일본에 소개되면서부터 국제적으로 관심을 끌었다. 이때 북한이 덕흥리 고분의 묘주는 고구려 신도현 출신으로 광개토태왕 대에 유주자사를 역임한 인물로 보고 있음이 알려졌다. 고구려 사람인 묘주가 유주자사였다면, 이것은 고구려가 한때 지금의 베이징시(北京市)를 포함한 북중국 일대를 점령하여 지배했었다는 의미가 되기 때문이다.

이때부터 덕흥리 벽화고분 묘주인 진이 고구려 사람인가, 중국 망명객인가 하는 것과 고구려가 4세기 중후반에 지금의 베이징 일대까지 차지하여 그곳에 유주를 설치하고 주자사로 진을 파견했다는 것이 사실인가를 두고 논쟁이 계속되고 있다.

그동안 이 문제를 다룬 논문이 숱하게 발표되었고 논지도 대단히 심화되었는데 요점만 정리하면 다음과 같다. 북한학계에서는 묵서에 적힌 진의 고향인 '신도현(信都縣)'을 『고려사(高麗史)』 지리지에 나오는 '가주는 본래 고려신도군이다[嘉州 本高麗信都郡]'라는 기사에 근거하여, 평북 운전(雲田)·박천(博川)으로 보고, 군 이름 두 글자를 영변(寧邊)의 옛 이름인 밀운(密雲)으로 추정했다. 따라서 진은 고구려 사람이며 그의 관직도 모두 고구려 관직으로 보았다. 이를 통해 4세기 말~5세기 초 고구려의 통치제도가 상당히 정비되었다는 것을 알 수 있다면서, 진이 유주자사를 역임했다는 것은 고구려가 한때 요하 유역부터 만리장성을 넘어 하북성 북부를 지나 산서성 북부에 이르는 넓은 지역을 지배했다는 것을 보여준다고 했다. 이에 대해 한국, 중국, 일본 학계의 반론이 나오자 이후 북한학계에서 논리를 보강하는 연구가 더 나왔지만 기본적인 논지는 변함없었다. 북한에서는 『조선전사』3과 『조선통사』 서술에도 이 논지를 그대로 반영했다.

반면 한국, 일본, 중국 학계에서는 『진서(晉書)』 지리지(상)에 기주(冀州) 안평국(安平國) 신도현(信都縣)이 있다는 점을 근거로 중국 하북성(河北省)에 있는 신도를 진의 출신지로 보는 경우가 더 많다. 이에 따라 진은 중국에서 고구려로 온 망명 정치인이며, 유주자사로 있다가 어떤 사정으로 고구려로 들어와 국소대형이란 관작을 고구려 왕으로부터 하사받은 것으로 보았다.

이 설을 주장하는 사람들은 진의 묘지명이 모두루 묘지와는 전혀 다른 내용이고, 그가 역임했다고 적어놓은 벼슬도 국소대형 외에는 고구려 것으로 보기 어렵다는데 근거하고 있다. 당시 고구려에서 장군호가 사용되었는지도 확인되지 않으며, 장군호가 이처럼 세분화되어 있었다고 보기는 어렵다는 것이다. 묘지명에 나열된 8개 직위 가운데 건위장군·국소대형·좌장군·용양장군 등은 위계(位階)이고, 동태수·사지절·동이교위·유주자사 등은 관직이다. 이 중에서 위계는 건위장군까지, 관직은 요동태수까지가 망명 전 중국에서 실제로 맡은 관직이며, 국소대형 이후의 작위와 관직은 망명 후의 자칭이라고 보는 학자도 있다. 이 경우 유주를 고구려가 차지하고 통치했다는 것에는 물론 동의하지 않는다.

이와 관련해 북한학계에서는 4세기 말 고국원왕이 백제군의 유시에 맞아 서거한 상황에서 급하게 즉위한 소수림왕이 혼란을 극복하고 베이징까지 침공하여 지배하고 지방관을 파견할 여력이 있었는가 하는 점, 이처럼 세분화된 장군호가 문헌사료에는 전혀 나오지 않는 점에 관해 설명할 필요가 있다.

견우와 직녀를 그린 뜻은?

덕흥리 고분벽화 묘주의 초상화는 안악3호분이나 차오양(朝阳市) 원대자고분 묘주 모습과 거의 비슷하다. 초승달 모양의 눈썹을 가진 진은 백라관 혹은 청라관을 쓰고, 무늬 있는 비단 웃옷을 세 겹 겹쳐 입었고, 손에는 깃털로 된 부채(주연)를 들고, 정자세로 정면을 바라보고 있다. 주변에는 시중드는 남녀들도 있다. 필자의 주관적인 느낌이지만 안악3호분의 묘주는 비교적 길고 강해 보이는 얼굴이고, 원대자고분의 묘주는 보다 세련된 기품이 느껴진다. 덕흥리 고분의 묘주인 진의 얼굴은 생시 모습을 최대한 닮게 그린 듯하며, 얼굴이 정사각에 가깝지만 선이 둥근 편으로, 안악3호분 묘주보다는 키가 작은 듯하다. 진은 당시 평균 수명보다 훨씬 장수해서 77세에 사망했지만 초상화는 40~50대 중년의 얼굴로 그려졌다. 다른 묘주 초상화들도 노인의 모습이 아닌 중후한 중년 남성의 얼굴로 그려졌다. 인생에서 가장 정점에 이른 때의 모습을 그렸던 것 같다.

덕흥리 고분벽화에 안주인의 초상화가 없다는 것은 매우 특이한 점이다. 고구려 고분벽화 전문가에게 그 이유를 문의했더니, 한 사람은 묘주나 화공이 여자 묘주의 얼굴을 기억하지 못하거나, 아니면 정말 없어서 그리지 않았을 것이라고 답했다. 카메라가 없던 시절이니 생시에 초상화를 그려놓지 않았다면, 오래전에 사별한 부인 얼굴이 기억나지 않는 것도 당연할 것이다. 화공이 부인의 얼굴을 모르는 것은 지극히 당연하다. 부인이 없어서 그리지 않은 건 아닐 것이다. 부인이 없었다면 애당초 공간을 남겨놓지 않는 것이 더 자연스럽기 때문이다. 진의 묘지에는 후손들이 잘되길 기원하는 글이 적혀 있는 것으로 보아 부인은 분명히 있었다고 보아야 한다.

다른 사람은 부인이 이 무덤의 주인보다 훨씬 뒤에 사망했기 때문에 그려 넣지 않았을 것이라고 했다. 주인공보다 늦게 죽었기 때문에 부인의 초상화를 그리지 않았다면, 그 부인은 결국 남편과 같은 무덤에 묻히지 못한 것이 된다. 그렇다면 그 이유는 과연 무엇일까?

추측컨대 진은 자신의 무덤 벽화를 주문 제작할 때 일부러 자신의 옆에 부인의 자리를 비워두라고 했을 것 같은데, 그것은 부인의 생사를 알 수 없었기 때문이 아니었을까? 진이 고구려로 망명 온 시기는 전연이 요하 일대를 포함한 중국 동북부 지역을 장악하고 황제를 칭하면서 동진(東晋), 전진(前秦) 등과 경쟁하던 때였다. 후방을 안정시키기 위해 고구려를 침공했고, 그 와중에 내부 반란이 일어나 정쟁에서 패한 세력 가운데 일부가 고구려로 망명하는 사건이 일어났다. 전진의 공격으로 결국 연은 멸망했다. 이처럼 당시는 복잡한 일들이 매우 속도감 있게 전개되던 때였다. 이 가운데 그가 어떤 상황과 관련되어 고구려로 망명했는지 알 수 없지만 생사를 기약할 수 없는 위기 상황에서 급하게 고구려로 도망쳐 왔다고 보아야 할 것이다.

이런 상황에서 진이 미처 자신의 아내와 자식들을 데리고 오지 못했거나, 자식들은 데리고 왔지만 부인은 두고 왔던 것은 아닐까? 어느 쪽도 확인할 수 없는 일이지만, 굳이 자신의 초상화 옆자리를 여백으로 비워둔 것은 마음자리 한편에, 두고 온 아내를 잊지 못하는 진의 그리움이 담겨 있는 것은 아닐까. 천장 벽화에 견우와 직녀를 그려 넣은 것도 멀리 떨어져 생사조차 알 수 없는 아내를 다시 만나고 싶은 진의 간절한 바람이 담겨 있는 것은 아닐까, 혼자 상상의 나래를 펼쳐본다.

5 영웅인가, 난신인가? 연개소문에 대한 평결

악역 전담반, 연개소문?

연개소문은 청나라 때 유행한 경극에 자주 등장했다. 얼굴 전체를 파란색으로 칠한 험악한 인상의 연개소문은 경극에서 가장 무서운 악당으로 공포의 대상이었다. 그는 단순한 악당이 아니라 엄청난 능력자여서 당 태종을 막다른 구석까지 몰아가는 위협적인 존재로 나온다. 극에서 연개소문에게 몰려 곤란에 처한 당 태종을 구하는 영웅은 설인귀다. 그가 고구려와 당의 전쟁에서 잘 싸우기는 했지만 당 태종의 목숨을 구했다는 기사는 정사에 나오지 않는다. 그리고 설인귀 대 연개소문으로 대립구도가 설정될 만큼 큰 역할을 하지도 않았다. 하지만 새외민족(塞外民族)으로서 당에 들어온 무장 설인귀가 큰 역할을 했던 것은 사실이었다. 아마도 한족이 아닌 설인귀가 고구려와의 전쟁에서 연개소문이라는 당대의 국제적 악당과 싸워 큰 공을 세움으로써 고위직에 오른 것이 힘없는 당나라 백성들이나 청의 귀족들 모두에게 희망을 주었기 때문에 그를 최고 영웅으로 묘사한 것 같다.

명·청대 유행한 소설에도 연개소문이 자주 등장한다. 1천 년이 지난 뒤에도 대표적인 악당으로 경극과 소설에 등장한다는 것은 연개소문이 그만큼 대단한 인물이었기 때문일 것이다. 우리나라 역대 인물 가운데 이 정도로 오랜 시간 중국인들에게 화제가 됐던 이는 아마 없을 것이다. 연개소문은 소설이나 희극, 경극 등 다양한 장르에 악역 전담으로 등장했다. 물론 붉은 옷을 입은 장군으로 나오는 연개소문의 상대역으로 백색 옷을 입은 설인귀가 더 훌륭한 인물로 나오지만 말이다.

『삼국사기』「개소문전」에 따르면 그는 항상 칼 다섯 자루를 차고 다녔고, 말을 탈 때는 매번 사람을 엎드리게 한 뒤 등을 밟고 올라탔다고 한다. 또 외출할 때는 부하들을 총동원해 장엄하게 행렬을 갖추었는데, 그와 마주친 사람들은 황급히 달아나 골짜기든 구덩이든 뛰어들어 피했다고 한다. 흉포하고 잔인한 성격의 무시무시한 인물로 묘사한 것이다.

그러면서도 "의표가 웅위했다"는 걸 보면 체격이 크고 건장했던 것 같고, 성격도 호방한 쾌남아였던 것 같다. 그러나 사서에 묘사된 그의 모습도 별로 호의적이지 않다. 쿠데타를 일으켜

100여 명의 고위 귀족들과 국왕을 죽이고 권력을 장악한 뒤 20여 년이나 가장 높은 자리에 군림했으니, 그를 만나보지 않았던 사람이라면 누구나 그가 잔인하고 포악한 사람이라고 생각했을 것이고, 위에 묘사한 안하무인격의 행동도 사실이라고 믿었을 것이다.

금수저를 물고 태어난 연개소문

연개소문의 아버지는 연태조(蓮胎祚), 할아버지는 연자유(淵子遊)다. 그러나 중국 사서와 그의 아들 남생·남산, 손자 헌성 등의 묘지명에는 그들의 성이 천(泉)으로 적혀 있다. 이는 당 고조 이름이 이연(李淵)이라 '연(淵)'자를 피하기 위해 뜻이 비슷한 글자를 택해 성으로 삼았기 때문이다. 『신당서』 권220 열전145 「고려전」에는 개소문의 성은 천씨인데, 스스로 물에서 태어났다고 하며 혹세무민했다고 나온다. 천남생의 묘지명에도 자신들의 가문이 샘[泉]에서 나와 신에 의탁했다고 나온다.

물과 조상을 연결짓는 것은 동아시아 일대의 신화나 설화에서 자주 나타난다. 멀리 갈 것도 없이 고구려가 멸망할 때까지 국가신으로 추앙받았던 유화부인이 하백, 즉 물의 신의 딸이었다. 작가 최인호는 경주 호우총에서 출토된 호우 밑바닥에 새겨진 우물 '정(井)'자에 착안하여 광개토태왕이 자신의 군대를 상징

하는 깃발에 '정'자를 썼다는 가설을 제시하기도 했다.

광개토태왕 대와는 시간차가 많이 나지만, 연개소문 대에 그 집안이 연못 등의 물과 관련 있다는 설화가 세상에 퍼져 있었다는 것은 그만큼 자신들을 신성한 존재로 강조했기 때문이라고 볼 수 있다. 물론 이것이 연개소문 집안 사람들이 스스로 퍼뜨린 것인지, 그의 위상에 비추어 다른 사람들이 만들어낸 것인지는 알 수 없다. 낙양에서 발견된 남생의 묘지명에 그의 조상을 주몽과 관련짓고 있는 것으로 봐서는 후자인 것 같지만 어느 쪽이 진실인지 확인할 길은 없다.

어찌되었든 연개소문이 금수저를 물고 태어난 것은 분명하다. 그의 아버지 연태조는 고구려 최고위직인 대대로(大對盧)를 역임했고 동부대인이었다. 『주서』에는 대대로를 3년마다 교체하는데, 합의가 이루어지지 않을 경우에는 무력을 동원해서 이기는 자가 그 자리를 차지했으며, 이때 왕은 관여하지 않은 채 궁궐 문을 닫고 안에서 결과를 기다리기만 했다고 나온다. 왕권이 약화된 상태에서 귀족들이 사병을 거느리고 권력을 휘두르던 고구려 후기 상황을 보여준다. 연태조가 대대로를 할 당시에도 여전히 무력으로 직을 차지하는 상황이었는지는 알 수 없지만, 그가 대대로를 역임한 것으로 미루어 연씨 가문이 군사력에 기반한 세력가였음을 알 수 있다.

사료에 따라 어떤 곳에는 연태조가 동부대인이었다고 나오고, 어떤 곳에는 서부대인이라고 나오는데, 학계에서는 여러 가지 정황상 동부대인이었다고 추측한다.

연개소문은 아버지가 죽자 동부대인 자리를 세습하려고 했지만 귀족들은 그의 품성을 문제 삼아 반대했다. 고구려에는 후기까지도 귀족들의 회의체인 대로회의가 있어 국가의 중대사를 합의로 처리하는 전통이 있었다. 왕이라고 하더라도 독단적으로 일을 처리하지 못했다. 그렇지만 국왕 중심의 통치체제가 유지되고 있었기 때문에 비록 유력 귀족의 자제일지라도 선대의 벼슬을 마음대로 세습하지는 못했다. 연개소문의 동부대인 세습에는 귀족들뿐 아니라 국왕도 같은 입장을 취했다.

당시 고구려 왕은 수나라 별동부대가 평양성을 공격했을 때 500만 결사대를 이끌고 나가 막았던 건무왕자, 즉 영류왕이었다. 영류왕과 귀족들은 연개소문의 권력 장악을 처음부터 경계했다. 그런 것을 보면 연개소문은 이전부터 다른 사람들의 눈에 띄는 인물이었다는 것을 알 수 있다.

이런 상황이 되자 연개소문은 어쩔 수 없이 자신을 낮추고 귀족들에게 동부대인직을 물려받을 수 있게 해줄 것을 간청할 수밖에 없었다. 그러면서 만약 직위를 계승한 후에도 자신이 그릇된 행동을 하여 귀족들이 자리에서 물러나라고 요구하면 무조건 내놓겠다는 약속까지 했다. 그의 이런 태도에 그를 못마땅해하던 귀족들도 더 이상 반대할 명분이 없었다. 결국 연개소문은 우여곡절 끝에 동부대인이 되었고, 아버지가 가지고 있던 동부의 사병과 경제권을 물려받게 되었다.

반대파를 쓸고 왕을 죽여 구덩이에 버리고 최고 권력자가 된 연개소문

자신이 잘못할 경우 언제든 자리를 내놓겠다고 약속했지만 기본 성향이 변할 리 없었다. 연개소문이 동부대인으로서 정계에 진출한 후 왕과 귀족들이 다시 그를 제거하려 한 것을 보면 국내외 정치 운영 및 정책 방향 설정에서 다른 사람들과 견해차가 있을 때마다 자신의 주장을 굽히지 않았던 것 같다. 영류왕 즉위 후 고구려의 대당정책을 보면 봉역도를 바칠 만큼 저자세로 화친을 구걸했다. 아마도 이런 대외정책을 둘러싸고 연개소문이 갈등을 빚었던 것 같다.

그런 가운데 연개소문은 자신의 사병을 늘려갔고, 나아가 뜻을 같이하는 다른 무장들을 끌어들여 계속 세력을 키워갔다. 연개소문이 세력을 강화할수록 반대편의 의심과 두려움은 더욱 커졌다. 이에 영류왕은 연개소문을 변방으로 쫓아내기 위해 그에게 천리장성 축조의 책임을 맡겼고, 그를 제거하기 위해 모의했다.

그러나 이를 눈치챈 연개소문이 선수를 쳤다. 연개소문은

642년 평양성 밖 남쪽에서 부병(部兵)의 열병식을 한다며 귀족들을 초대한 뒤 반대파 귀족 100여 명을 그 자리에서 죽여 버렸다. 『삼국사기』「열전」 개소문전에는 당시 상황을 이렇게 적어 놓았다.

> "소문이 자기 부(部)의 군사를 모두 소집하여 장차 열병할 것처럼 하여 술과 음식을 성 남쪽에 성대히 차려 놓고 여러 대신을 불러 함께 보자고 청하였다. 손님들이 이르자 모두 죽였는데, 무릇 그 수가 100여 명에 달하였다. 이어서 궁궐로 달려 들어가 왕을 죽이고, (그 시신을) 여러 토막으로 잘라 도랑에 버렸다. 왕의 동생의 아들 장(藏)을 왕으로 세우고 스스로 막리지가 되었다. 그 관직은 당나라의 병부상서 겸 중서령의 관직과 같았다. 이에 원근에 호령하여 나랏일을 마음대로 하였는데 매우 위엄이 있었다."

연개소문으로서는 가만히 앉아서 당할 수는 없었으므로 먼저 선수를 쳐 자신을 없애려는 영류왕과 대신들을 모두 처치해 버린 것이다.

사료에는 연개소문이 얼마나 흉악하고 잔인한 짓을 했는지는 구체적으로 나오지 않는다.

"말을 타거나 내릴 때마다 항상 귀족의 장수로 하여금 땅에 엎드리게 하여 그 등을 밟고 디뎠으며, 나가 다닐 때는 반드시 군대를 풀어서 앞에 인도하는 자가 긴 소리로 외치면 사람들이 모두 달아나 도망쳐 구덩이나 골짜기를 가리지 않았다."

이 같은 내용은 나오지만 이것은 참살 사건 이후에 나온 기사이므로 보장왕을 세운 뒤 전권을 휘두를 때의 일이라고 볼 수 있을 뿐 이전에도 그랬는지는 알 수 없다.

연개소문이 새로운 왕을 세우고 조정의 모든 권력을 장악했다 해도 지방에 파견 가 있는 귀족들도 있었고 각 지역 출신 귀족들도 있었다. 그들은 지방 행정을 담당하는 지방관이었지만 동시에 군사지휘권을 가진 사람들이었다. 이들을 제대로 관리하지 않으면 왕을 시해한 연개소문을 응징하기 위해 지방에서 반란을 일으킬 가능성이 있었다. 이에 연개소문은 지방관들 단속에 들어갔다.

대부분의 지방관들은 대세에 따라 연개소문에게 충성을 맹세했다. 하지만 안시성 성주만은 끝까지 연개소문에게 굴복하지 않았다. 한편 당나라의 동태도 심상치 않고, 안시성 성주 혼자 힘으로 반란을 일으킬 수도 없는 만큼 일단 그의 지위를 유지하게 해주는 것으로 타협을 보았다. 당시 중앙 정치 혼란의 여

파가 한강 유역까지 미쳐 이 지역에 있던 혜량법사가 신라로 건너간 것을 보면 고구려 전체가 한동안 불안했다는 것을 알 수 있다.

연개소문은 자주의 화신?

연개소문의 일생은 개인의 운명과 고구려의 운명이 서로 연동되어 파란을 겪었기 때문에 후대 역사가들로부터 자주 역사적 평가의 대상이 되곤 했다. 특히 라이벌이거나 대조적인 행보를 보인 당 태종, 영류왕, 김춘추 등과 비교되었다.

당 태종은 주변 국가들과 정치세력들을 모두 굴복을 시켰다. 하지만 고구려만 장악하지 못한 채 수차례 전쟁에서 헛힘만 쓰고 국력만 약해졌다. 죽음에 임박해서는 후손들에게 다시는 고구려를 침공하지 말라고 유언했다는 이야기가 전해지고 있다. 당 태종의 심기를 더 불편하게 한 것은 그의 사후 오랫동안 중국 민간에 전해지는 그와 연개소문, 설인귀에 대한 이야기였을 것이다. 실제 역사에서는 그와 연개소문이 직접 만나 겨룬 적이 없었는데 소설이나 경극에서는 둘이 만났을 뿐 아니라 당 태종이 연개소문에게 쫓겨 어쩔 줄 모르고 있을 때 설인귀가 나타나 그를 구해 주었다는 식으로 스토리텔링이 되었기 때문이다. 어쨌든 당 태종은 중원뿐 아니라 유목지역까지 다스리는 황제천

가한이 되었지만 고구려를 자신의 발아래 놓지는 못했다.

영류왕은 당과 화친정책을 주로 취했다. 그에 비해 연개소문은 강경 대립정책을 밀고 나갔다고 평가받는다. 단재 신채호는 연개소문을 민족의 자주성을 드높인 영웅으로 평가했다. 그의 입장에 서면 영류왕은 굴욕적인 사대주의자로 평가하게 된다.

김춘추와 연개소문을 비교할 때도 마찬가지다. 어떤 역사학자는 김춘추가 필요할 때는 굽히고 나아갈 때는 과감히 나아가는 현실적이고 유연한 외교로 역사의 승자가 되었다고 평한다. 이에 반해, 연개소문은 융통성 없이 강경 일변도로 경직된 정책을 구사하여 나라를 멸망의 길로 이끌었다고 한다. 하지만 신채호는 김춘추를 사대주의에 물든 기회주의적 인물이라 보았고, 연개소문은 중원을 통일한 대제국 당에 맞서 독립을 지켜낸 자주의 화신이자 민족의 영웅이라고 평가한다.

연개소문이 당의 거대한 힘에 맞서 굴복하지 않고 끝까지 싸워 나라의 독립과 자주를 지켜낸 것은 분명하다. 그렇다면 그의 구체적인 행적과 정책은 역사적으로 볼 때 어떤 평가를 받을 수 있을까? 영류왕과 귀족들을 무자비하게 시해한 것, 막리지 셀프 임명과 태막리지로의 셀프승진, 능력도 없는 자식들에게 자리를 세습해서 결국 나라를 멸망에 이르게 한 것까지 전부 포함해서 점수를 매긴다면 그는 어떤 점수를 받을까?

역사에 '만약'이 있다면?

역사에서는 '만약'이 없다는 얘기를 종종 한다. 만약 이랬다면, 만약 저랬다면 하는 것이 아무런 소용이 없기도 하지만 근본적인 이유는 역사과학적인 측면에서 바람직하지 않은 접근법이기 때문이다. 그런데 한 번만 '만약'이란 카드를 사용해서 연개소문의 행적을 살펴보고 싶다. 그러면 전혀 다른 방향에서 그에 대한 역사적 평가를 내리게 되지 않을까 하는 생각이 들기 때문이다.

당 태종은 연개소문이 시역(弑逆)을 했기 때문에 그를 벌하기 위해 군사를 일으킨다며 조서에 '조민벌죄(弔民伐罪)'란 구절을 항상 내세우며 고구려 침공을 합리화했다. 만약 연개소문이 반역을 일으키지 않았다면, 그래서 영류왕을 시해하지 않았다면 어떻게 되었을까?

앞에서도 살펴보았듯이 영류왕은 수와 전쟁할 당시에 평양성을 지킨 영웅이었지만, 즉위 후에는 대당 평화정책을 기본 방향으로 삼았다. 즉위 이후 당에 조공 사신 파견을 게을리하지 않았고, 626년 7월 신라, 백제와 화해할 것을 요구하는 당에 표문을 올려 사죄하고 신라와 직접 회맹하겠다는 답변을 내놓았다. 628년 당·돌궐 전쟁에서 당이 승리하자 축하 사절단을 파견하고 봉역도를 바쳤다. 629년에는 신라가 고구려의 낭비성을 빼앗았지만 당의 권고를 의식해서 아무런 조처도 취하지 않았다. 631년에는 고구려가 수에 대한 전승 기념물로 세웠던 경관을 당 사신들이 파괴하는 무례를 범해도 그냥 넘어갔다. 영류왕은 우호정책을 일관적으로 유지했지만 당의 요구는 갈수록 늘어갔다.

여기에서 당 태종이란 인물에 대해 살펴볼 필요가 있다. 그는 당 건국에 지대한 공을 세운 영웅이었지만 황제 계승권은 없었다. 그런 그가 건성(建成)태자 등을 무자비하게 살육하고 아버지를 유폐한 현무문의 난을 통해 황제로 즉위했다. 고구려를 침공한 수 양제처럼 정통성에 흠결이 있는 사람이었다. 정통성이 없다는 핸디캡을 고구려 정벌이라는 업적으로 극복하고자 했다고 주장하는 연구자도 있다.

당 태종은 즉위 후 동북아의 여러 세력들을 신속시켜 나갔다. 628년에 흑수말갈이 휘하로 들어오자 그 땅을 연주(燕州)로 삼아 기미지배를 했고, 같은 해 거란 부락도 당에 항복했다. 629년에는 실위(室韋)와 교섭을 시작했다. 거란을 통해 해(奚), 습(霫)도 당에 귀부하도록 회유했다. 마침내 630년 3월에는 돌궐의 힐리가한(頡利可汗)을 생포하였고 초원 일대 유목 군장들은 모두 그를 '천가한(天可汗)'이라 부르며 무릎을 꿇었다. 이제 그는 중원을 통일한 황제이자 초원을 장악한 가한이 된 것이다. 이제 당 태종의 천하에 독자적인 천하를 유지하고 있는 세력은 고구려밖에 남지 않았다. 하지만 당 세력이 팽창하며 천하를 장악해 가자 말갈과 거란, 실위 등에 대한 고구려의 영향력은 점점 약화되었다.

643년 6월 당의 사신 등소(鄧素)가 고구려에 다녀갔다. 귀국 후 그는 당 태종에게 회원진(懷遠鎭)의 병력을 보강할 것을 건의했다. 연개소문이 집권한 후 국경 지역의 방비가 강화되었기 때문이다. 당 조정에서는 보장왕 책봉 문제와 함께 전쟁 논의까지 이루어졌다. 태종과 장손무기(長孫無忌)가 이를 두고 거란과 말갈을 동원해야 한다거나 방비가 느슨해질 때까지 기다리자는 등 전쟁에 관한 여러 가지 논의를 진행했다. 이보다 앞서 643년 3월에는 고구려의 청에 따라 도교를 전하고 6월에는 보장왕을 책봉했지만, 한편에서는 고구려 정벌을 논의하고 있었던 것이다.

주목할 점은 644년 정월, 당의 사신으로 상리현장(相里玄奬)이 고구려에 입국한 것이다. 그는 보장왕에게 당 태종의 조서를 전달했다. 조서에는 신라에 대한 군사행동을 멈추지 않으면 고구려를 정벌하겠다는 경고가 담겨 있었다. 아울러 그는 연개소문을 직접 만나 이런 요청을 재차 전했다. 하지만 때마침 직접 군사를 이끌고 가 신라를 공격하고 돌아온 연개소문은 당의 요구를 수용할 수 없음을 분명히 했다. 이런 점들을 보면 당으로서는 천하의 평화와 안정을 위해 고구려에 사신을 보내 신라, 백제와 화친할 것을 간곡히 요청했으나 고구려가 호전적인 자세를 바꾸지 않고 당의 선의를 무시한 것으로 생각하기 쉽다.

그러나 상리현장이 어떤 사람인지 좀 더 들여다보면 그것이 아님을 알 수 있다. 상리현장은 당 태종이 해외에 파견한 사신 가운데 가장 하급인 종 6품상의 관료였으며, 직무도 고구려와 아무 관련이 없는 사농시(司農寺) 소속이었음을 밝힌 연구논문이 나왔다. 이 글에서는 당 태종은 처음부터 상리현장의 임무에 아무런 기대도 하지 않았고, 단지 전쟁을 일으키기 위한 정치적 명분 쌓기용 사신을 파견한 것이라고 보았다. 이런 의도를 연개소문도 간파했기 때문에 수와의 전쟁을 언급하며 독자적인 행보를 취할 것을 선언했다고 볼 수 있겠다.

상리현장이 귀국한 후 644년 7월, 당 태종은 고구려 정벌을 공식 천명하며 장엄(蔣儼)을 고구려로 보냈다. 이때 사람들이 모두 두려워하여 고구려에 가기를 꺼려했다고 한다. 장엄은 실제로 연개소문에 의해 굴실에 갇히는 등 곤욕을 치렀다. 아마도 전쟁을 일으키기 직전에 고구려의 기밀정보를 파악하기 위해 장엄을 파견했음을 연개소문이 간파했기 때문이었을 것이다.

흥미로운 것은 두 나라 사이에 위기가 고조되는 상황이었음에도 불구하고 같은 해 9월에는 고구려에서 당에 백금을 바치고 관료 50명의 숙위를 요청했다는 것이다. 이때 당에 파견된 고구려 관리들은 당에서 감금되었다. 파견된 사람들도 어차피 당에 가면 감금되리라는 것을 알았을 터이고, 연개소문도 그것을 짐작하고 이들을 보냈을 것이다. 전쟁을 막기 위해 마지막으로 유화책을 쓴 것인지, 당 내부 상황을 파악하기 위한 것인지는 알 수 없지만, 전쟁은 이미 시작되고 있었다.

연개소문은 영양왕이 그랬던 것처럼 당나라군이 몰려오기 전에 먼저 요서의 영주를 기습 공격했다. 이는 영주 도독 휘하에 있는 거란과 해 등 이민족계 군사들에게 타격을 주기 위해 선제공격한 것으로 보는 것이 일반론이다. 이들이 당나라군의 전면에 배치될 것이기 때문이다. 이외 당군이 요동을 본격적으로 침공하여 장기전으로 돌입했을 때 요서 지역에서 오는 군량 공급을 사전에 차단하기 위한 공격이었다고 보는 설도 있다.

이를 종합해 보면 과시욕이 강한 당 태종으로서는 '천하통일'을 완성하기 위해 고구려를 그대로 둘 수 없었을 것이다. 만약 연개소문이 반역을 일으키지 않고 영류왕이 왕위를 계속 지키고 있었다 해도 고구려가 독립을 그대로 유지할 수 있었을지 의문이다.

두 번째 '만약'이다. 연개소문이 군사원조 요청을 하러 고구려에 온 신라 김춘추의 부탁을 들어주고 동맹을 맺거나 예전처럼 우호적인 관계로 돌아갔다면 어떻게 되었을까?

대야성 전투에서 백제군에게 딸과 사위를 잃은 김춘추는 몸소 고구려로 찾아와 구원병 파견을 요청했다. 연개소문의 쿠데타가 완성되고 얼마 지나지 않은 시점이었다. 김춘추는 보장왕과 연개소문을 모두 만났는데, 둘 다 "마목현과 죽령 이북의 땅은 원래 우리 것인데 수나라와의 전쟁 과정에서 너희들이 몰래 빼앗아갔다. 그것을 먼저 돌려주지 않으면 당신의 청을 들어줄 수가 없다"고 했다.

이에 김춘추는 영토 문제는 자신이 결정할 수 없는 문제라며 난색을 표했다. 그러자 연개소문은 김춘추를 억류해 버렸다. 김춘추가 살기 위한 방도를 고심하고 있을 때, 고구려 귀족인 선도해가 와서 토끼와 거북이 얘기를 해주었다. 거기에서 힌트를 얻은 김춘추가 "그 땅은 고구려의 영토임이 분명하니, 귀국해서 국왕에게 땅을 돌려줄 것을 건의해서 실현이 될 수 있게 하겠습니다"라고 약속했다. 물론 거짓 약속이었다.

겨우 풀려난 김춘추는 당으로 건너가 청병 외교를 했고 결국 당과 신라의 동맹이 결성되었다. 이로 인해 신라는 당의 힘을 빌려 자국을 위협하던 백제를 멸망시킬 수 있었다. 그리고 당은 수차례의 침공에도 성과를 볼 수 없었던 고구려와의 전쟁에서 신라의 도움으로 군량 걱정 없이 장기전을 수행할 수 있게 되어 마침내 승리를 얻을 수 있었다. 만약 고구려와 신라가 연합했다면 역사는 바뀌었을까?

고구려 광개토태왕 대에는 신라 나물왕의 군사원조 요청을 들어주어 서라벌까지 들어온 왜군을 몰아내며 위기에서 구해주었을 뿐 아니라 신라가 금관가야를 손에 넣을 수 있게 해주었다. 이때부터 고구려는 신라를 자국의 속민이라고 불렀다. 장수왕 대에는 신라가 성장하여 형제관계로 변했지만 여전히 고구려에서 신라왕과 그 신하들에게 고구려 관복을 하사하는 등 기울어진 우호관계를 유지했다. 하지만 5세기 중후반경에는 신라가 고구려의 그늘에서 벗어나 백제와 동맹을 맺었고 동해안 일대에서 고구려 영토를 빼앗으며 북진했다. 중부 지역에서도 죽령을 넘어 백제와 손을 잡고 한강 유역을 차지했다.

그렇다면 연개소문은 오랜 기간 애증이 켜켜이 쌓여온 신라의 부탁을 왜 들어주지 않고 김춘추에게 빼앗아간 땅을 내놓으라는 비현실적인 요구를 하면서 결렬시켰을까? 당시는 아직 연개소문의 국정 장악력이 안정적이지 못한 때였다. 영류왕 대에 이미 천리장성 축조를 시작한 것에서 알 수 있듯이 당에 대한 대비에 만전을 기울여야할 때였다. 병력을 나누어 신라에 원군을 보내줄 수 있는 상황이 아니었던 것이다. 더욱이 신라는 고구려가 수나라의 공격을 있는 힘껏 막아내는 와중에 고구려를 공격해 땅을 빼앗아간 나라였다.

무엇보다 왕을 시해하고 정권을 잡은 연개소문으로서는 빼앗긴 땅을 되찾고, 가능하다면 이전처럼 고구려 천하 안에 신라와 백제를 편입시키는 것이 고구려인들의 마음을 살 수 있는 좋은 길이었다. 신라와 연합해서 백제를 치는 일은 연개소문의 머리에는 전혀 존재하지 않았다.

신라도 마찬가지였다. 백제에 패해 위기 상황에 처했어도 다시 예전처럼 고구려의 속민으로 들어가거나 동생 나라로 관계를 지속할 생각이 전혀 없었다. 과거는 과거일 뿐 되돌아갈 수 없는 길이었다.

시간을 되돌린다고 해도 연개소문과 김춘추는 같은 결정을 내릴 수밖에 없을 것이다. '만약'이라고 가정을 해봐도 결국 달라질 것은 없다는 결론만 나온다. 다시 말하면 연개소문이 김춘추를 내침으로써 당과 신라가 연결되었고, 그것이 고구려 멸망의 길로 이어지는 계기가 되었지만, 그때 각자가 처한 상황에서는 그런 선택을 할 수밖에 없었다는 것이다.

고구려 멸망은 연개소문 사후에 일어난 일이었다. 그러나 그 문제를 논할 때 연개소문도 책임에서 벗어날 수 없다. 그가 죽은 후 자식들이 분열해 싸웠고, 남생이 아들 헌성과 당으로 가서 당나라군의 향도가 되어 쳐들어와 고구려를 멸망시켰기 때문이다. 여기에서 그가 저지른 잘못들이 또 드러난다. 쿠데타 이후 그는 스스로 막리지가 되었고, 당과의 갈등이 격화되자 태막리지직을 신설해 그 자리에 오른 후 군사와 국정을 모두 총괄했다. 그리고 그 자식들도 일찍부터 승진시켜 자신의 권력을 그대로 세습하게 했다.

당 태종이 직접 군사를 이끌고 고구려를 치러왔을 때 압록강 어귀를 지키도록 남생을 보냈으나 대패했다. 남생이 겨우 목숨만 건져 살아 돌아왔을 때 그의 그릇을 알고 그에게 자신의 자리를 세습하려는 생각을 버렸어야 했다. 하지만 세상의 많은 부모들이 그러하듯 연개소문도 자식 문제에 있어서는 냉철한 판단을 하지 못했다. 그가 죽음에 임박해서 남생 형제들을 불러놓고 서로 힘을 합쳐 잘해 나갈 것을 부탁했다고 하는 것을 보면 이미 그전부터 형제간 분열 조짐을 알아챘다고 볼 수 있다. 그럼에도 나라의 안위를 책임져야 할 주요 직책을 아들들에게 모두 맡겼으니 연개소문도 고구려 멸망의 책임에서 벗어날 수 없다.

막리지직에 자신을 셀프 임명한 것과 태막리지로 셀프 승진한 것에 대해 빠른 시일 안에 국정을 안정시켜야 하고, 당의 침공 위협에 신속하게 대응하기 위해 권력을 집중한 것이라고 합리화할 수 있을 것이다. 그러나 혈연에 치우친 정실인사, 측근 중심 인사를 함으로써 자신의 죽음 이후 형제간 분열로 나라가 순식간에 무너지게 한 것은 연개소문 자신의 책임이었다.

또 유연한 대처가 더 효과적일 수 있을 터인데, 당이나 신라, 백제에 강경 일변도의 자세를 취함으로써 전쟁 아닌 다른 방법을 찾을 여지를 없애버린 것도 연개소문의 잘못이라 할 수 있다. 쿠데타로 집권했기에 정통성이 없다는 콤플렉스가 그를 계속 강경으로 몰아갔던 것이 아닌가 싶다.

역사적으로 평가한다면 그는 영웅일까? 나라를 망하게 한 난신일까? 그에 대한 명쾌한 답변은 못하겠고, 연개소문 역시 역사의 흐름에 속절없이 휘둘린 사람이 아니었을까 하는 생각만 든다.

6 아비보다 나은 자식일 수는 없었는가? 연개소문의 자손들

2005년 무렵 사회고위층 자녀들의 국적 논란으로 대한민국 사회가 뜨거웠다. "국적을 바꾼다고 애국심이 사라지나? 나라 밖에서 활동하기 편하게 외국 국적 가지고 대한민국을 위하는 일을 하면 더 좋지 않나?" 하는 의견도 있었다.

글로벌 시대에 탈민족, 탈국가를 지향해야 한다고 주장하는 사람들은 대한민국 국적을 포기하고 미국 국적을 갖는 것이 뭐가 문제냐고 반박하였다. 이들은 타당성 있는 듯한 반박과 설득력 있는 듯한 이유들을 들이대며 항변했지만 여론은 부정적인 쪽이 더 많았다.

단순히 국적을 선택하는 문제가 아니라 대한민국에서 누릴 수 있는 권리는 다른 국민들보다 더 많이 챙겨 누리면서도, 다른 사람들이 짊어진 의무는 지지 않는다는 점에서 힘없고 돈 없는 대다수 국민들의 공분을 사기 때문일 것이다. 그로부터 10년이 더 지난 지금까지도 유력 인사 자녀들의 국적 문제는 국정감사만 열리면 다시 떠오르곤 한다.

그런데 국적을 바꾼 사람들은 어느 시대나 다 있었다. 아니 국적을 바꿨다기보다는 자기가 살던 나라를 떠난 사람들이라고 하는 것이 정확한 표현일 것이다. 근대 이전에는 국적을 바꾸고도 여전히 그 나라 안에서 사는 사람들은 거의 없었을 테니까.

나라를 떠나야 했던 이유도 여러 가지였다. 더 큰 꿈을 펼치기 위해서, 정치적으로 설 자리가 없어서, 경제적으로 어려워서, 식민지로 전락한 나라를 되찾기 위해서 등등 피치 못할 사정들이 많았다. 그러나 나라가 망하기 직전에 떠난 사람들도 있다. 그 가운데 고구려의 천헌성(泉獻誠)의 삶은 여러 가지 생각을 하게 한다.

천헌성은 출신을 말하면 금방 알만한 인물이다. 그의 아버지는 천남생(泉男生)이고, 할아버지는 너무나 유명한 연개소문(淵蓋蘇文)이다. 앞에서 언급한 것처럼 연개소문의 아들과 손자가 난데없이 천씨가 된 것은 당 고조 이연(李淵)의 '연(淵)'자를 피휘했기 때문이다. 『신당서(新唐書)』의 천남생 열전과 그들의 묘지명에 모두 천남생, 천헌성이라 되어 있다. 당나라에 자신들의 운명을 맡긴 탓에 죽어서도 연이라는 본래의 성씨를 쓸 수 없게 된 것이다.

연씨 집안의 시조는 물에서 태어났다고 한다. 그래서 '연못 연(淵)'자를 성씨로 한 것이다. 고대에는 왕뿐만 아니라 힘 있는 귀족들도 자기 집안의 신성함을 과시하려고 시조 탄생설화를 가지고 있는 예가 많았다. 그렇더라도 물의 자손이라 자칭하는 것은 아무나 할 수 없었다. 고구려 말기의 최고 권력인 연개소문의 집안이었기 때문에 가능했다. 고구려 건국 시조인 주몽이 태양신 해모수와 물의 신 하백의 딸인 유화부인의 아들이었기 때문에 물의 신의 후손을 자처한다는 것은 왕실보다는 못하지만 연씨 집안이 대단한 권위를 가졌었다는 것을 보여준다.

연개소문 집안은 고구려 말기의 신흥귀족이었다. 남생의 묘지명에는 조상의 덕으로 영화를 누렸다고만 되어 있고 천헌성의 묘지명에는 증조부인 대조(大祚)가 막리지로서 병권을 장악했고, 5부의 우두머리가 되었으며, 기세가 삼한을 제압했다고 되어 있다. 『삼국사기』「연개소문전」에는 아버지가 동부(서부)대인이었다고 하는 구절만 간단하게 나온다.

이로 보아 연개소문의 부친 대에 권력의 핵심부로 진입하게 된 것 같다. 이들 집안의 설화가 두만강 유역 일대에 알려져 있었다고 하므로, 아마도 이 지역의 유력 토착세력이 6~7세기에 중앙정권으로 편입하는 데 성공하면서 크게 성장했던 것으로 짐작된다. 당시 연개소문 정도의 위상이라면 없던 설화도 얼마든지 만들 수 있었을 것이다.

그러나 연개소문 아들 대에 와서 '연' 대신 '천'이란 성을 쓸 수밖에 없었다. 그러면서 가문의 영광도 '연못'에서 '샘'으로 줄어들고 말았다. 수(隋)의 대대적인 침략을 훌륭하게 막아냈고, 태종이 직접 이끌고 온 당나라 군대까지 물리쳤던 고구려를 멸망시키는 데 남생 부자가 결정적인 역할을 했기 때문이다.

천헌성은 할아버지인 연개소문이 권력의 최정점에 있던 보장왕 9년(650)에 태어났다. 최고 권력자의 장손인 만큼 아홉 살 때 선인(先人) 관등을 받았다. 666년에 아버지인 남생이 막리지가 되고 지방순시를 나갔을 때 헌성이 이를 수행했다. 헌성이 16세 되던 해에 그의 운명과 함께 고구려의 국운이 바뀌는 큰 일이 일어났다. 연개소문이 죽고 그 자리를 이어받은 남생이 지방순시를 위해 평양성을 떠나자 남건(男建)과 남산(男產)이 남생을 배신하고 쿠데타를 일으킨 것이다. 형제간의 권력 쟁탈전에서 패해 수도로 돌아갈 수 없게 된 남생 일파는 사태를 수습하기 위해 논의를 벌였으나 쉽게 결론에 이르지 못했다. 그때 헌성이 고구려의 두 번째 수도이자 당시 부수도였던 국내성(지금 중국 지린성 지안시)으로 가자고 제의했다.

평양천도로 위상이 약화된 국내성의 귀족들은 아무래도 평양 귀족들에게 불만을 가질 수밖에 없었다. 천도 후 상당한 시간이 흘렀고, 또 거대한 무덤과 우수한 고분벽화를 만들 수 있을 정도로 여전히 권력과 부를 유지하고 있었음에도 불구하고, 평양

세력을 향한 불만은 사라지지 않았다. 양원왕(陽原王) 13년(557)에도 이곳 환도성(丸都城)의 간주리(干朱理)가 모반을 일으켰다. 헌성은 이 지역의 불만세력을 등에 업고 권력을 탈환하고자 했던 것이다.

예상과 달리 국내성의 모든 귀족들이 그들을 전폭적으로 지지하지는 않았다. 남생의 가문은 후기에 일어난 신흥귀족이었고 연개소문이 쿠데타로 집권했기 때문에, 건국 당시부터 전통적인 귀족이었던 국내성 세력들이 별로 호감을 갖지 않았던 것 같다. 더불어 평양성에 비해 군사력이 열세인 점도 이들을 주저하게 만들었다.

남생은 계획이 틀어지자 새로운 대안을 찾을 수밖에 없었다. 그때 헌성이 당으로 가서 사정을 이야기하고 군대를 빌어 와 삼촌들을 치자고 제안했다. 뾰족한 수가 없던 남생은 결국 16세 소년인 헌성의 제안대로 하기로 하고 그를 먼저 당에 보냈다. 헌성이 당에 간 것은 보장왕 25년 당고종 건봉 원년인 666년이었다. 이어 남생과 부하들도 뒤를 따랐다. 그리고 668년 남생 일파는 당나라 군대의 향도가 되어 고국으로 쳐들어와 평양성을 공격했고, 마침내 고구려는 멸망했다.

이후 남생과 헌성은 당의 수도 장안에서 당 황제의 신하로 살게 되었다. 이들은 자진 귀화한 데다가 고구려를 멸망시키는 데 혁혁한 공을 세웠으므로 고위 관직을 받아 권력과 부를 누릴 수 있었다. 남생은 정2품에 해당하는 문산관(文散官)인 특진(特進)까지 올랐고, 우위대장군(右衛大將軍) 겸 검교(檢校) 우우림군(右羽林軍) 장내공봉(仗內供奉) 산주국(上柱國) 변국공(卞國公)이 되었다. 죽은 후에는 병주대도독(幷州大都督)으로 추증되었다. 헌성은 좌위대장군(左衛大將軍) 우우림위상하(右羽林衛上下) 상주국(上柱國) 변국공(卞國公)을 지냈으며, 죽은 후에는 우우림위대장군(右羽林衛大將軍)으로 올려졌다. 이들은 궁금숙위(宮禁宿衛)와 근위병(近衛兵)을 맡아 황제의 지척에서 활동했다.

고구려가 망한 이후 유민이 된 고구려인들은 다양한 경로로 당에 들어갔다. 남생과 헌성은 보장왕(寶藏王)과 그 후손 다음으로 높은 지위를 누렸다. 어쩌면 명예직이면서 상징적인 지위에 있었던 보장왕보다 남생과 헌성이 실질적인 권력을 더 가지고 있었다고도 볼 수 있다. 남생은 고구려 유민 지배에도 직접 참여했는데 보장왕과는 다른 경로로 파견되었다. 나당전쟁(羅唐戰爭)이 끝난 다음 해인 677년에 당은 보장왕을 요동도독(遼東都督) 조선왕(朝鮮王)에 봉한 뒤 요동을 다스리게 했다. 고구려 유민들의 저항이 강력하게 지속되어 지배에 어려움을 겪고 있었기 때문에 차라리 괴뢰국을 세운 후에 보장왕을 통해 유민들을 통치하려 했던 것이다.

당은 고구려 유민들을 감시하기 위해 이중으로 통치계통을 설정했다. 보장왕을 왕으로 세우면서, 동시에 확실한 친당파인 남생을 안동도호부로 보내 당의 관리로서 보장왕을 견제하게 했던 것이다.

보장왕은 당의 의도를 간파하고 요동으로 돌아가자마자 과거 고구려민이었던 속말말갈(粟末靺鞨)과 연합하여 고구려 복국(復國)을 도모했다. 안타깝게도 계획이 사전에 당에 발각되어 보장왕은 681년 공주(邛州)로 유배되었고 이듬해 나라 잃은 부끄러운 왕으로서의 한 많은 생을 마감했다.

당이 보장왕의 거사 정보를 어떻게 입수했는지 사료에는 나오지 않는다. 하지만 당의 지배 방식으로 미루어 보면 안동도호부(安東都護府) 쪽에서 보고가 올라갔을 가능성이 크다. 물론 상세한 내막을 알 수 없기 때문에 보장왕 측근에서 밀고자가 나왔을 수도 있지만, 안동도호부에서 감시하고 있었으므로 이곳에서 사전에 계획을 입수했을 가능성이 높다.

그렇다면 남생이 고변자였을까? 그런 것 같지는 않다. 남생은 679년 1월 29일에 임지인 안동부 관사에서 병사했기 때문이다. 적군을 이끌고 와 조국을 멸망시킨 남생은 결국 고국 땅인 신성[지금의 중국 랴오닝성(遼寧省) 푸순시(抚顺市)]에서 마흔여섯이라는 젊은 나이에 병으로 죽었다. 한창 나이에 세상을 떠나 안타깝다기보다는 고구려를 두 번 배신하지 않을 수 있어 그나마 다행이었다고 해야 할 것 같다.

아버지 남생에 대한 헌성의 효심은 대단했다. 남생이 죽었을 때 헌성이 식음을 전폐하고 슬퍼하자 할머니가 손자를 구하려고 단식을 기도하여 할 수 없이 음식을 먹었다는 내용이 천헌성의 묘지명에 나온다. 극적인 순간에 운명을 같이했던 부자의 끈끈한 정을 잘 알 수 있는 대목이다. 남생은 아들인 헌성을 대단히 신뢰했다. 동생들의 배신으로 오갈 데 없게 되어 우왕좌왕하던 때 헌성의 의견을 전적으로 수용했던 것에서 익히 알 수 있다.

결과론이지만 지금 상황에서 당시를 생각해 본다면 치기 어린 열여섯 살 소년의 철없는 제안을 그대로 받아들인 어리석은 아버지 때문에 집안 전체가 반역자가 되었고, 역사 앞에 씻을 수 없는 죄인이 되고 만 것이다. 당의 힘을 빌자는 제안을 했던 헌성과 그것을 받아들여 돌이킬 수 없는 길로 가버린 남생은 조상인 발기(發岐)의 예를 떠올렸어야 했다.

발기는 고국천왕(故國川王)의 동생이자 산상왕(山上王)의 형으로서 고국천왕 사후 왕후 우씨(于氏)가 동생인 연우(延優)를 왕으로 선택하자 분기탱천하여 군사를 이끌고 대적하다가 공손도(公孫度)의 힘을 빌리려 했었다. 그러나 발기를 토벌하러 간 동생 계수(罽須)의 간곡한 만류와 충고에 자신의 행위를 부끄러워하며 스스로 목숨을 끊었다.

반면 남생은 권력을 되찾고 배신한 동생들을 응징하기 위해 당나라군을 끌고 옴으로써 나라와 백성 전체를 무너뜨린 용서할 수 없는 지도자가 되고 말았다. 마흔여섯. 아직 한참 활동할 나이에 병으로 죽었다는 것은 그 역시 그다지 마음 편히 행복하게 살지만은 않았음을 보여주는 것인지도 모르겠다.

그럼 헌성은 어떻게 되었을까? 그는 어차피 당에 바친 몸이었으니 끝까지 충성하는 것만이 살 길이었다. 그래서 무수히 많은 전장에 나서야 했다. 극진한 효자였음에도 불구하고 아버지 상중에도 당의 부름을 받고 출정했을 정도였으니 그 역시 룰루랄라 즐겁게만 산 것은 아니었다.

당에 자진 투항함으로써 그나마 귀족 신분을 유지하고 당에서 관직을 얻은 사람들은 대개 당의 이민족 정벌 전쟁에 동원되었다. 역대 중국 왕조에서 많이 사용한 수법 중 하나가 이민족과 전쟁을 치를 때 이민족들을 선봉에 세우는 것이었다. 이이제이책(以夷制夷策)의 하나였다고도 할 수 있고, 한족(漢族)을 보호하기 위한 방법이었다고도 할 수 있다. 고구려 유민 가운데 당의 관직을 가질 수 있었던 사람들은 모두 전쟁에 동원되어 열심히 싸워야 했다. 다행히 군사적인 능력이 탁월했던 고구려인들이어서 전장에서 공을 세우는 이들도 적지 않았다.

천헌성도 유명한 일화를 남길 정도로 군사적 능력을 인정받았다. 측천무후(則天武后)가 금폐(金幣)를 내리고 군신(群臣) 가운데 활 잘 쏘는 사람을 천거하라고 했을 때, 모두가 천헌성을 지목했다. 그러자 그는 무후에게 "폐하가 활 잘 쏘는 사람을 고르라고 했는데 모두 화인(華人, 한족)이 아닙니다. 신은 당의 관리들이 활쏘기로 수치심을 느낄까 염려되오니 그것을 파하는 것만 같지 못합니다(陛下擇善射者 然皆非華人 臣恐唐官以射爲恥 不如罷之)"라고 했다.

이 이야기처럼 그가 주변을 조심하며 말을 삼간 것은 측천무후대의 정치판이 이른바 혹리정치(酷吏政治) 시기로서 그야말로 살얼음판을 걷듯 조심스러운 시기였기 때문이다. 원리원칙대로, 실력대로 관리를 선발한다는 장점도 있었지만 모함과 잔혹한 처형이 난무했던 매우 살벌한 시기였다. 따라서 배경 없는 고구려 유민들로서는 실력과 충성도에 따라 출세할 수도 있었지만, 자칫 모함을 당할 경우 벗어날 수 없는 위험한 환경이었다.

헌성이 자신의 군사적 능력이 지나치게 부각되는 것을 꺼려했던 것도 그 때문이었다. 그는 당에 대한 충성도와 능력 면에서 인정을 받아 황제의 최측근에서 활동할 수 있었다. 무후의 공적을 새긴 거대한 구리 기둥인 천추(天樞)를 조성할 때, 검교천추자래사(檢校天樞子來使)가 되었으나 이것이 그의 마지막 임무가 되고 말았다. 구리 등 물자를 조달하는 일을 책임졌는데 혹리 중 한 사람인 래준신(來俊臣)이 그에게 금품을 요구했다. 헌성이 이를 거절하자 래준신은 앙심을 품고 그가 모반을 꾀했다고 모함하여 결국 처형되고 말았다. 이때 천헌성의 나이 마흔 둘이었다.

천헌성은 현은(玄隱), 현일(玄逸), 현정(玄靜) 등 아들 셋을 두었다. 다른 아들에 관해서는 기록이 전혀 남아 있지 않다. 다만 장남인 현은의 경우에는 묘지석이 발견되지는 않았지만 아버지 헌성의 묘지명과 22세에 요절한 아들 천비(泉毖)의 묘지명에 그의 이름이 나온다.

천비의 묘지명에는 '경조만년인(京兆萬年人)'이라고 적혀 있다. 고구려 유민 1세대인 천남생의 경우 요동군평양성인(遼東郡平壤城人), 고자(高慈)는 조선인(朝鮮人), 천헌성은 기선고구려국인(其先高句驪國人), 천남산은 요동조선인(遼東朝鮮人), 고족유(高足酉)는 요동평양인(遼東平壤人), 고현(高玄)은 요동삼한인(遼東三韓人)이라 되어 있다. 그리고 유민 후손들 가운데 고진(高震)과 그의 넷째 딸 그리고 고흠덕(高欽德)의 묘지명에는 발해인(渤海人)이라 되어 있다. 사서에 기록이 나오는 고선지(高仙芝), 왕모중(王毛仲), 왕사례(王思禮), 이정기(李正己) 등도 출신이 고려인(高麗人)이라고 밝혀놓았다. 경조만년인이라 하여 당의 수도 출신이라고만 적어놓은 천비의 경우와 대조되는 점이다.

고구려가 멸망하고 한 세대밖에 지나지 않은 시기였고, 할아버지가 유명 인사였으므로 천비가 고구려 출신이라는 사실을 세상 사람들은 모두 알고 있었을 것이다. 그런데도 천비의 출자를 중국의 수도 출신이라고만 밝혀놓고, 고구려와의 관련성을 드러내지 않은 것은 무슨 이유에서였을까? 고구려에 대한 기억을 잃었기 때문일까?

그건 아닐 것이다. 고구려 유민 3세인 이정기와 고선지도 역사서에 고구려 출신임을 밝혀놓았다. 뿐만 아니라 고선지의 경

천남생 일가 무덤 원경
중국 뤄양시 멍진현 동산 영두촌(洛陽市 孟津縣 東山 嶺頭村)에 있다. 가운데가 남생묘, 좌측이 천헌성묘, 우측이 천비묘이다.(2006년 촬영)

천남산묘
중국 뤄양시 동북 15리 유가파촌(劉家坡村)에 있다. 옥수수 밭 너머 보리밭 가운데 홀로 있는데, 이 지역에서는 '표자총(豹子塚)'이라 부른다.(2006년 촬영)

우 경쟁자나 정적이 그를 비웃을 때 '고려노(高麗奴)'라고 놀렸다는 기록까지 남아 있다. 이런 것을 보면 천헌은이 아들 비의 묘지명에 고구려 출자를 밝히지 않은 것은 그가 고구려 출신임을 모두가 알고 있었기 때문인지도 모르겠다. 나라를 배신한 고구려 유민으로서 겪었을 많은 일들과 회한을 잊기 위함은 아니었을까?

이런 점은 남생과 헌성의 묘지명에서도 찾을 수 있다. 이들의 묘지에는 그들이 당으로 갈 당시 상황을 상세하게 적어놓았다. 거기에는 오판을 반성하는 내용은 전혀 없다. 대신 그들을 배신한 남건과 남산에 대한 적개심을 숨기지 않고 드러내 놓았다. 자신들의 행위에 대해 변명하고 정당화하는 내용을 구구절절이 적어놓은 것이다. 사뭇 뻔뻔하기까지 한 묘지명들을 보면서 그들이 저지른 일에 대해 더 화가 날 수도 있다.

그러나 조금 방향을 돌려 생각하니 오히려 그들의 심정을 이해할 수도 있을 것 같다. 고위 귀족으로서 부귀영화를 누리긴 했지만 당에서의 삶이 그다지 편치 않았음을 역설적으로 보여주는 내용이라 생각되기 때문이다. 그리고 이미 오래전에 끝난 일에 관해 이처럼 상세하게 적어놓았다는 것은 자신들의 과오로 인한 짐을 죽을 때까지 짊어지고 있었다는 것을 보여주기 도 한다.

7 한발 앞서 세상을 읽어 고구려를 떠나간 남자, 고족유의 삶

고구려가 망하기 전에 당으로 간 사람들 중에는 연개소문의 자손 다음으로 고위직에 올랐던 고족유(高足酉)가 있다. 그의 묘지석이 발견되지 않았다면 세상에 전혀 알려지지 않았을 사람이다. 그의 묘지석은 중국 허난성(河南省) 뤄양시(洛陽市) 이촨현(伊川縣) 핑덩향(平等鄉) 러우쯔거우촌(樓子溝村) 서북쪽에서 출토되었다. 높이와 너비가 각각 58.5센티미터, 묘지명은 1행 34자씩 모두 33행으로 되어 있다.

고족유에 관한 기록은 중국 사서와 우리 역사책 어디에도 없다. 그는 당으로 간 후 668년에 명위장군(明威將軍) 수우위위진화부절충도위잉장상(守右威衛眞化府折沖都尉仍長上)이 되었다가 수좌위위효의부절충도위(守左威衛孝義府折衝都尉)가 되었다. 그다음 해에는 운휘장군(雲麾將軍) 행좌무위익위부중랑장(行左武衛翊衛府中郎將)으로 승진했다. 679년에는 우령군위장군(右領軍衛將軍)이 되었고, 680년에는 상주국(上柱國)으로 가훈되었다. 689년에는 우옥검위대장군(右玉鈐衛大將軍), 이듬해에는 진군대장군(鎭軍大將軍) 좌표도위대장군(左豹韜衛大將軍)이 되었다. 그리고 695년에는 고려번장(高麗蕃長) 어양군개국공(漁陽郡開國公)에 봉해졌다. 보장왕과 연개소문의 후손들이 있었지만 역사책에 이름도 나오지 않는 고족유가 고구려 유민의 대표격인 고려번장이 된 것이다.

고족유는 대체 어떤 사람인가? 그의 묘지명에는 특이하게도 선조(先祖)에 대한 언급이 전혀 없다. "본래 은성한 집안이었다(族本殷家)"라는 표현은 나오지만 고구려에 있을 때 어떤 관직을 역임했는지도 적어 놓지 않았다. 일부 연구자들은 그가 방계왕족 출신이거나 묘지의 찬자가 자세한 내력(來歷)을 몰라 적지 않았을 것이라고 본다. 또 은가(殷家)라 표현한 것에서 중급의 부유한 지주계급으로 보는 연구자도 있다.

그러나 묘지명에는 그렇게 유추할 수 있는 내용이 없다. 다만 평양 출신이고 당에서 활동한 내용으로 보아 귀족 출신이었을 것이지만 천헌성처럼 고위 귀족 출신은 아니었을 것으로 짐작만 할 뿐이다. 따라서 당에서 그가 출세할 수 있었던 것은 고구려에서 누린 지위나 출신성분 때문이 아니라, 오직 스스로 노력한 결과였다고 본다.

묘지명에는 그가 앞일을 내다보는 혜안을 가졌다고 적혀 있다. 기미를 미리 알아차리는 통인(通人)인지라 고구려가 멸망하기 전 마흔이 넘은 나이에 가족 전체를 이끌고서 당에 투탁했다는 것이다. 나라가 위태롭다는 것을 미리 알아차렸다 해도 마흔이 넘은 나이에 가족 전체를 이끌고 적국으로 가는 것은 쉽지 않은 일이다. 장고에 장고를 거듭했을 것이다.

고족유는 당으로 간 후 노력을 거듭해 지위를 높여갔고 마침내 천추를 건립할 때에는 고구려의 대표자 대우를 받았다. 이때 그의 나이 일흔이었다. 측천무후의 성덕을 기리고자 당대 최고 예술가들이 모여 현란한 조각으로 장엄하게 만들어 올린 천추에는 그의 이름 석자도 적혀 있었을 것이다. 그로서는 자신뿐 아니라 가족의 운명까지 모두 건 모험과 끝없는 노력 끝에 얻은 영예였다.

최고의 절정기를 보내던 고족유는 바로 그해에 죽음을 맞이했다. 경략대사(經略大使)가 되어 만족(蠻族)을 정벌하고 개선하던 도중에 형주[荊州, 중국 후베이성(湖北省) 샹저우(襄州) 부근]의 관사에서 병으로 죽고 말았다. 일흔 살 노구를 이끌고 전쟁터에 나갔다가 돌아오지 못했던 것이다. 이 역시 고위 관직에 있었던 유민이라도 타국에서의 삶이 만만치 않았음을 보여주는 예다.

그래서인지 고구려 유민들의 평균 수명은 길지 않았다. 천헌성처럼 모함을 받아 처형당하거나 전쟁터에서 죽은 사람들이 많았다. 천남산은 63세까지 살았지만 천남생은 46세, 천헌성이

42세, 고자가 33세, 고현이 49세에 사망했다. 천비는 22세에 요절했다. 물론 이는 관련 기록이 남아 있는 소수의 경우이므로 고구려 유민 전체의 상황을 반영한다고는 볼 수 없다. 그렇지만 확인된 사람들의 경우만 보더라도 40~50대에 죽은 사람들이 많다. 게다가 두드러진 활동을 한 사람들 중 제 명을 다하지 못하고 비참한 최후를 맞이한 경우가 있었는데 천헌성, 고선지(高仙芝), 왕모중(王毛仲) 등이 그랬다.

일흔까지 산 고족유는 대단히 예외적인 경우에 해당된다고 할 수 있다. 그가 장수할 수 있었던 것은 군사적 능력과 운도 좋았지만 처세술이 상당히 뛰어났기 때문이 아닐까 싶다. 그의 아들 이름이 '제신(帝臣)', 즉 '황제의 신하'였던 것도 혹 그의 처세술과 관련이 있는 것은 아닌지 모르겠다.

여하튼 처세술에 능했던 고족유나 능력이 뛰어나 주목을 받았던 천헌성, 모두 타국에서 살아남기 위해 많은 노력을 했을 것이다. 그리고 그들이 고구려인이라는 것은 싫든 좋든 평생 그들을 따라다녔을 것이다.

오늘날 여러 이유로 다른 나라에 나가 있거나 국적을 바꾼 많은 한국인들도 마찬가지일 것이다. 그들이 있는 곳이 어디든, 국적이 어디든 이 나라에서 태어났다는 사실은 결코 사라지지 않고 남아 있을 것이다. 겉모습에든, 마음속에든.

8 그들은 말갈족인가, 고구려 사람인가? 이타인과 대조영

고구려 동북방 중진 책주의 최상위 지방관이었던 이타인

1989년 1월, 중국 산시성(陝西省) 시안시(西安市) 동쪽 근교인 빠차오구(灞橋區) 서북쪽의 국면오창(國棉伍廠) 건설공사장 1호묘에서 이타인(李他仁)의 묘지가 출토되었다. 시안은 당의 도읍으로 당시에는 장안이라고 불렀다. 빠차오는 서역으로 길을 떠날 때 마지막으로 통과하는 다리다. 여기에서 먼 길 떠나는 연인과 남편, 식구를 배웅했기 때문에 당나라 때부터 이 다리를 소재로 한 시문이 많이 만들어졌다고 한다. 장안의 외곽에 해당되는 곳이므로 다리 주변에는 당에 복속된 이민족 왕들과 귀족들의 무덤이 많이 자리하고 있다.

돌궐 힐리가한의 무덤 옆에 묻었다는 보장왕의 무덤도 이 근처에 있었을 것이다. 나라가 망한 후 당으로 온 보장왕과 힐리가 한이 당 조정이 개최하는 대형 행사에 황제의 전리품이자 황제의 위엄을 돋보이게 하는 도구로 추락해 병풍처럼 황제 뒤에 나란히 서있었듯이, 죽은 후에도 두 사람은 가까운 곳에 묻혔다.

요동책주인(遼東柵州人)이라고 출신을 밝히고 있는 이타인의 묘지에는 주몽, 고구려, 말갈, 영공(英公) 이적(李勣) 등 고구려와 관련된 낱말들이 등장한다. 묘지명에 의하면 이타인은 67세인 675년에 당에서 사망했고, 677년 2월 16일에 무덤에 안장되었다. 역산을 해보면 그는 영양왕 20년(609)에 고구려에서 태어났으며 고구려 멸망 당시에는 59세였다.

할아버지 복추(福鄒)는 대형(大兄), 아버지 맹진(孟眞)은 대상(大相)이었다. 대형은 고구려 관등 중 제7위고, 대상은 일명 태대사자(太大使者)로서 제4위 관등이다. 서열에서 알 수 있듯이 그는 고위 관등을 갖고 있는 할아버지와 아버지를 가진 금수저 집안 출신이었다. 이타인의 묘지명에는 "모두 동방 지역을 신령스럽게 빛내어 변한에서 영예로운 공적을 쌓았고, 국가의 기둥과 같은 인재가 되어 복이 여러 겹 쌓이고 영화가 잇달았다"고 적어 집안 자랑을 하고 있다.

이타인은 책주 도독겸병마(柵州都督兼總兵馬)로 도독은 고구려 후기 최상층 지방관인 욕살이다. 책주는 고구려 태조왕 대부터 동북방의 중진으로 『삼국사기』에 등장하는 책성(柵城)이다. 학계에서는 책성을 지금 중국의 훈춘(琿春)으로 보고 있다. 이곳은 고구려가 압록강 중류 유역에서 나라를 세운 후 가장 먼저 진출한 북옥저 땅이었다.

『삼국사기』에는 시조 동명성왕 재위 10년(기원전 28) 11월에 부위염(扶尉猒)을 보내 북옥저를 정벌하고 그 땅을 성읍(城邑)으로 삼았다고 나온다. 학계에서는 주몽 당시에 이미 북옥저를 정벌하고 성읍으로 만들었다는 것에 대해 의문을 제기하고 있다. 함흥을 중심지로 하고 있던 남옥저, 즉 동옥저는 태조왕 대 복속되었기 때문에, 북옥저 정복기사는 후대의 일을 소급해 적은 것으로 보는 설도 있다.

하지만 부위염이라는 구체적인 인명이 등장하고 이 부근이 동부여와도 관련이 있는 곳이기 때문에 믿기 어렵다고 하기보다는 고고학 자료를 기반으로 전체적인 재검토가 필요하다. 여기에서는 일단 훗날의 숙제로 남겨둔다.

여하튼 고구려는 북옥저와 남옥저 모두를 일찌감치 지배권 아래 두고 3세기 중엽까지 물고기, 소금, 미녀 등을 정기적으로 공납 받으며 속민으로 다스렸다. 245년 무구검(毋丘儉)이 보낸 현도태수 왕기(王頎)가 옥저를 친 후 잠시 고구려의 휘하에서 벗어났지만 곧 다시 되찾았다. 4세기 이후에는 이곳에 지방관을 보내 직접 통치했다. 훈춘을 중심으로 두만강 일대를 포괄한 것이 책주였고, 이곳은 멸망할 때까지 고구려의 동북방 중진이었다.

6세기 이후 고구려의 지방 통치조직은 대성-제성-성의 3단계 조직이었고, 지역 지배를 총괄한 지방관으로 대성에는 욕살, 제성에는 처려근지, 성에는 가라달과 루초가 파견되었다. 도독은 순수 고구려 관직명인 욕살과 같은 급의 중국 관직이다. 그래서 알기 쉽게 책주 욕살 대신 책주 도독이란 관직명을 썼을 것이다.

당시 지방관은 행정·사법·군사권을 모두 가졌기 때문에 그 지역의 최고 지방관은 강력한 힘과 권한을 행사할 수 있었다. 연개소문이 쿠데타를 일으켰을 때 안시성 성주가 반대 입장을 표명했지만 끝내 굴복시키지 못했던 것을 떠올려보면 최고지방관의 권력과 권위가 어느 정도였는지 짐작할 수 있을 것이다.

책주 도독은 일찍부터 고구려의 동북방 중진인 책성에 치소를 두고 두만강 일대를 총괄한 지방관이었다. 이곳에는 옛 북옥저계와 부여계, 고구려의 건국 주체 세력인 맥과 예맥계, 조정에서 전략적으로 배치한 중국계 한족과 말갈 7부 가운데 하나인 백산말갈이 섞여 살고 있었다. 이들을 통괄하는 최고 지방관이 이타인이었던 것이다. 그는 고구려 12주(州)를 주관하고 말갈 37부(部)를 통솔했다.

평양성 공격에 앞장서고
부여 지역 고구려 부흥운동군을 토벌한 이타인

이타인은 고위직을 배출한 좋은 집안 출신이었다. 영예로운 공적을 쌓아 나라의 기둥인 인재가 되었고 복이 여러 겹 쌓여 영화가 잇달았다. 그런 그가 고구려가 망하기 직전에 적국인 당의 장군이자 고구려 침공군의 총지휘자인 이적에게 항복해 그 휘하로 들어갔다. 그가 당나라군과의 전쟁에 나섰다가 항복했는지, 아니면 고족유처럼 나라가 망할 것 같은 낌새를 느껴 일찌감치 도망쳐 투항했는지는 알 수 없다. 다만 그의 묘지명에는 "공은 망할 기미가 있음을 깨달아 양수(梁水)에 떨어진 별을 보고 처신함에 모름지기 귀의할 곳을 알아, 조위(曹魏)의 군대가 100일도 되지 않아 공손씨(公孫氏)를 함락시킨 사실을 인지했다. 이에 황급히 휘하의 군대를 거느리고 이적(李勣)의 군영에 이르러 투항했다"라고 나온다.

이타인이 자기가 지휘하던 군사들을 이끌고 투항하자 이적은 그에게 부대를 이끌고 고구려 침략에 앞장서게 했다. 그리하여 3군의 선봉에 선 이타인은 견고하게 버티던 고구려 장수들을 속절없이 무너지게 했고, 아홉 번이나 저항하며 지켜내던 석성(石城)의 성문을 열어젖혔다. 평양성 함락에도 앞장섰던 이타인은 이적을 따라 당으로 갔다. 고구려 멸망에 일조한 공으로 종3품 고위 무관직인 우융위장군(右戎衛將軍)을 제수받았다.

이타인의 묘지명에 의하면 그가 당 내지로 옮겨간 후 부여지역에서 고구려 부흥 운동이 일어났는데, 당 조정의 명을 받고 출동해서 토벌하고 우두머리를 제거했다고 한다. 학계에서는 이 사건이 670~671년 무렵에 일어났을 것으로 보고 있다. 677년 보장왕이 요동으로 돌아온 후 속말말갈과 연계하여 고구려 부흥 운동을 도모하다 사전에 발각되어 공주로 유배되었는데, 이전에 이미 부여 지역에서 부흥 운동이 일어났다가 실패했던 것이다.

이타인의 묘지가 발견됨으로써 역사서에 기록이 남아 있지 않아 몰랐던 부분들이 밝혀졌다. 사서에는 고구려와 당의 전쟁 과정에 대해 요하 유역과 압록강 유역, 평양성에서 벌어진 전투는 서술되어 있다. 그러나 고구려 동북 변경의 상황은 전혀 전해지지 않고 있어 의문스러웠는데, 그 지역의 상황을 알게 된 것이다. 그 지역의 최고위 지방관이 지휘하던 군대를 거느리고 당에 자진 투항했으니 당은 고구려의 동북 지역을 손도 대지 않고 차지했을 뿐만 아니라 그 방면에서 공격받을 것을 염려하지 않고 평양성으로 진격할 수 있었던 것이다. 또한 안동도호부가 있던 요동이나 검모잠이 활약했던 황해도 일대의 부흥 운동만 알려졌는데, 이타인의 묘지를 통해 옛 부여 지역에서도 부흥 운동이 일어났음을 알게 되었다.

그의 묘지명에는 책주의 수령(首領) 고정문(高定問)이 반란을 일으켜서 양현기(陽玄基) 등이 이를 주살했다는 내용이 나온다. 즉 이타인이 당에 투항하고 고구려가 멸망한 후 당에서 책주를 기미주로 편성했는데 고구려 사람인 고정문을 수령으로 삼아 고구려 유민을 다스리게 했다는 것이다. 고구려 유민들의 반발을 무마하기 위해 고구려 사람을 수령으로 삼고 그 수령을 감시하기 위해 당나라 관리인 양현기라는 사람을 책주 도독부 장사로 삼아 파견했던 것인데, 결국 고구려 유민인 수령 고정문이 반란을 일으켰다는 것이다.

이로 보아 고구려 멸망 후 당의 기미주 통치가 시작된 670년대 초반에 각지에서 고구려 부흥 운동이 활발하게 일어났음을 알 수 있다. 역사서에는 이런 상황들이 전체적으로 전해지지 않는데 개인의 묘지명을 통해서 역사서의 공백을 메울 수 있게 되었다.

이타인은 부여 지역에서 일어난 고구려 부흥 운동을 토벌한 공으로 당 황제로부터 동정원(同正員) 우령군장군(右領軍將軍) 직을 받았다. 우령군장군은 이타인이 당에 입조한 직후 받았던 우융위장군을 670년에 개칭한 것으로 동일한 것이다. 이 때문에 고구려 부흥 운동을 평정할 때 이타인이 제대로 활약하지 못했거나, 당 조정으로부터 제대로 평가받지 못한 것이 아니냐는 설도 있다. 반면 같은 장군직이지만 일반 원외(員外)에서 동정원으로 승격된 것이므로 승진이라고 보는 설도 있다.

이타인은 고구려 멸망과 부흥 운동 과정에서 적국인 당나라 장수가 되어 조국을 망하게 하는 데 앞장섰다. 그는 평양성 함락 후 7년이 지난 675년 정사(丁巳) 24일에 장안의 자택에서 67세의 나이로 병사했다. 60년을 고구려인으로 살았던 이타인은 말년에 겨우 7년간 당나라 사람으로 산 뒤 머나먼 중국 서안 땅에 묻혔다.

영주에서 탈출해 동모산에서 나라를 건국한 대조영

대조영의 시호는 고왕(高王)이다. 698년부터 719년까지 발해 제1대 왕으로 재위했다. 고구려 멸망 후 영주(營州) 지방에서 거주하다가 696년 거란인 이진충(李盡忠)과 손만영(孫萬榮)이 주도한 반란으로 혼란한 틈을 타 아버지 걸걸중상(乞乞仲象)과 말갈 추장 걸사비우(乞四比羽)와 함께 고구려 유민들을 이끌고 동쪽으로 탈출하였다. 최근에는 거란인의 반란을 기회로 영주에서 탈출한 것이 아니라 반란에 가담했다는 연구도 나왔다.

고구려 멸망 후 당은 고구려 유민 가운데 호강(豪强)한 자 3만 8천 2백호를 추려 당 내지로 강제 사민시켰다. 남은 사람들과 고구려 옛 땅에는 기미주를 설치하고 안동도호부를 두어 통치했다. 지금의 중국 랴오닝성 차오양(朝阳)인 영주는 요서의 중심지로 당이 이민족들을 모아 기미주를 설치하고 다스렸던 곳이다. 여기에는 한족들도 있지만 고구려 유민, 말갈족, 거란족, 선비족, 해족 등 다양한 이민족들이 모여 살았기 때문에 이풍(夷風)이 강했다고 한다.

원래 거란족 거주지와 가깝기 때문에 거란인들의 수가 많았고, 고구려 유민들도 다수 있었다. 그들 중에는 고구려와 당의 대대적인 전쟁 통에 고향을 떠나 자진해서 이곳으로 흘러 온 사람들도 있었고, 내지로 집단 사민되는 와중에 중간 기착지인 이곳에 남게 된 이들도 있었다. 대조영 집단이 탈출하여 발해를 건국한 이후에도 이곳에는 고구려 유민들이 남아 있었다. 그중 잘 알려진 인물이 나중에 산동으로 건너간 이정기(李正己)다.

발해의 건국과정에 대해서는 역사책에 따라 주도적인 인물들의 관계가 조금씩 다르게 서술되어 있다. 『구당서』에는 영주를 벗어날 때 무리를 이끈 지도자가 대조영과 걸사비우라 되어 있지만 『오대회요(伍代會要)』와 『신당서』에는 대조영의 아버지인 걸걸중상과 걸사비우가 처음에 집단을 이끌다가 걸걸중상이 죽은 뒤에 대조영이 유민들을 이끌었다고 나온다.

측천무후가 지배하던 당에서는 거란족의 반란을 무마하는 것이 우선 과제였으므로 고구려 유민의 탈출을 막지 못했다. 그래서 회유책으로 유민 지도자들에게 작위를 내려주었다. 대조영을 진국공(震國公), 걸사비우를 허국공(許國公)에 봉하고 당의 지배

아래 두려고 했지만 걸사비우는 이를 거부했다.

그런 가운데 당은 돌궐인 묵철(默啜)을 동원해 거란의 반란을 진압하는 데 성공하고, 성력연간(聖曆年間)인 698년에 고구려 유민 추격군을 파견하였다. 추격군을 이끈 사람은 당에 항복한 거란족 출신 장군 이해고(李楷固)였다. 그가 지휘한 당나라군과 걸사비우 일행의 싸움에서 고구려 유민의 군대가 패했고, 걸사비우는 전사하고 말았다. 걸걸중상은 이미 사망했고 아들인 대조영이 아버지를 대신해 유민들을 지휘하고 있었다. 그런데 걸사비우까지 죽었기 때문에 대조영은 이리저리 흩어져 갈 곳 몰라 하는 말갈족 중심의 유민들을 규합해서 동쪽으로 나아갔다.

당나라군과 대조영의 군대는 천문령(天門嶺)에서 목숨을 건 대전을 치렀다. 천문령은 혼하(渾河)와 휘발하(輝發河)의 분수령인 장령자(長嶺子) 부근에 있는데, 여기에서 격전 끝에 마침내 당나라군을 격파했다. 대조영은 후발 추격대를 뿌리치기 위해 승리를 만끽할 겨를도 없이 일행을 재촉하여 계속 동쪽으로 이동했다. 그리하여 698년, 지금의 지린성 둔화(敦化)의 동모산(東牟山)에 이르러 터를 잡고 698년 건국을 선포했다. 국호를 진(震)이라 하고 천통(天統)이란 독자적인 연호를 사용했다.

동모산은 당의 중심부와 멀리 떨어져 있고 주변에 유력 세력도 없는 만큼 유이민 집단인 대조영 등이 나라를 세우기에 적합한 곳이었다. 동만주 지역도 고구려 멸망 이후 당의 지배 아래 들어갔지만 고구려 유민들의 저항이 만만찮았기 때문에 당의 통치가 안정적으로 이루어지지는 못했다. 이런 상황에서 영주에서 탈출한 대조영 집단이 와서 나라를 세우자 각지에 흩어져 있던 고구려 유민들이 순식간에 모여들었다. 이들 중에는 고구려 건국 주체 세력인 맥족, 예맥족도 있었지만 말갈족도 많았다. 이곳은 고구려 당시부터 고구려민으로 살았던 백산말갈이 집단 거주하는 곳이었고, 속말말갈 거주지와도 가까웠다. 일찍부터 고구려 안에 들어와 있던 지역이었기에 대조영 일행에 대한 거부감이 없었다.

당은 멀리 떨어진 동모산까지 군대를 보내 전쟁을 할 필요성을 느끼지 않아 추격군을 더 이상 파견하지 않았다. 그리고 대조영이 당에 사신을 정식으로 보내자 못이기는 척 받아주었고, 713년에 대조영을 발해군왕으로 책봉했다. 발해라는 국호는 이때부터 사용되기 시작했다.

발해는 스스로 부여와 고구려를 이은 나라라고 했다 일본에 보낸 국서에도 이 점을 분명히 했다. 고구려가 멸망하고 30년이 지난 후 옛 고구려 동북 변방 지역에서 발해가 일어나 고구려 계승을 표방한 것이다. 대조영은 719년에 서거했고, 아들 대무예(大武藝)가 제2대 왕으로 즉위했다. 이 사람이 무왕이다.

이타인과 대조영은 고구려인인가, 말갈인인가 라는 우문에 대한 답변

이타인과 대조영은 활동 지역과 행적, 죽은 후 묻힌 곳 등에서 거의 반대 방향에 있다. 그런데 둘 사이에는 중요한 공통점이 있다. 그들이 고구려인인지, 말갈인인지를 두고 논란이 계속되고 있다는 점이다.

이타인의 묘지명에는 고구려 시조인 주몽을 신성시하지 않았고, 고구려 왕들을 '주몽의 유얼(遺孽)'이라고 표현하는 등 매우 불손하게 묘사되어 있다. 그는 책주 도독으로서 고구려 12주와 말갈 37부를 통치했다. 그리고 당에 귀부한 고구려인 가운데 이씨는 없었고, 당에서 이민족 수장들에게 이씨 성을 내려주곤 했다. 이를 근거로 이타인을 속말말갈 혹은 책성 지역에 정착한 말갈인으로 보는 설, 집안 대대로 고위 관직을 역임한 사실을 근거로 고구려인으로 보는 설, 묘지명만으로 그가 순수한 고구려인인지 말갈계 고구려인인지 정확하게 판별하기 어렵다는 설로 나뉘져 있다.

대조영에 관해서는 『구당서』와 『신당서』 편찬 당시부터 견해가 나뉘져 있었다. 『구당서』에는 걸사비우를 말갈인이었다고 하면서도 대조영에 대해서는 그런 서술을 하지 않았다. 하지만 『신당서』와 『오대회요』에는 대조영이 고려 별종이었다고 적어놓았다.

이타인과 대조영의 족속을 논할 때나 대조영과 걸사비우가 이끌었던 집단에 대해 논할 때, 대체로 고구려인, 말갈인이란 단어를 사용한다. 역사서 자체에 고구려와 말갈로 구분해 놓았기 때문에 어쩔 수 없이 그렇게 표현할 수밖에 없지만 그 표현이 타당한지는 지금이라도 따져볼 필요가 있다.

이타인이 최고 지방관으로서 통치했던 책주는 7세기 당시 백산말갈의 주요 거주지였다. 대조영의 족속으로 거론되는 속말말갈은 부여 지역 일대에 분포했다. 책주의 중심지인 책성은 앞에서도 언급했듯이 일찍부터 고구려 영역 안에 들어와 멸망 당시까지 안정적으로 유지되던 지역이었다. 부여 지역도 3세기 말부터 고구려가 잠식하기 시작하여 4세기 이후에는 지방관을 파견해 직접 통치했던 곳이다.

만주 동북부 지역에 거주하던 말갈 7부 가운데 흑수말갈을 제외하고는 모두 고구려의 지배권 아래 있었다. 백돌말갈, 호실말갈, 안거골말갈, 불열말갈 등은 고구려의 직접 통치를 받지는 않았지만 고구려 멸망 후 그들도 흩어져 존재를 알 수 없게 되었다는 사료가 남아 있다. 이로 미루어 고구려의 간접 지배를 받거나 영향력 아래 있었다고 볼 수 있다. 백산말갈과 속말말갈은 고구려에 편입된 시기도 빠르고 자연환경도 크게 차이가 나지 않아 일찍부터 고구려인으로 살고 있었다.

고구려는 압록강 중류 유역에 거주하던 맥족과 부여에서 내려온 예족이 결합하여 건국한 다종족국가였다. 이 지역을 통합한 후 외부로 세력을 확대하면서 고구려 안에는 다양한 종족들이 들어와 살게 되었다. 고구려는 요동 전역을 차지하고 연해주까지 진출했고 한강 남쪽까지 영역으로 편입했다.

이 지역 안에는 선비족, 거란족, 말갈족, 한족(韓族), 한족(漢族) 등 다양한 사람들이 살고 있었다. 그들은 모두 고구려 영역 안에서 고구려인으로 살았다. 그들은 스스로를 고구려 사람으로 생각했다. 물론 고구려 건국 주체 세력은 예, 맥, 예맥이었지만, 이후 고구려 안으로 들어온 이민족들도 고구려 법에 따라 통치를 받고 국가에 세금을 납부했고, 연이나 당 같은 외국군이 쳐들어오면 고구려 군사로 나가 나라와 가정을 지키기 위해 싸웠다. 그들 모두 고구려인이었다.

그럼에도 종족 차이는 있었다. 생활방식 자체가 다른 사람들도 있었다. 고구려는 영역을 지배할 때 특수한 생활방식을 가진 사람들은 본래 살던 방식대로 살도록 하고 통치했다. 말갈의 경우 다른 고구려인들과 달리 세금으로 곡식을 내기가 힘든 환경에 거주했고, 부락별로 집단생활을 했다. 그래서 그들에게는 세금을 적게 내는 대신 군사 활동을 많이 하도록 했고, 개인별 과세보다 집단별 과세를 했다. 당과의 전쟁에서 고구려군과 함께 활동했다고 역사서에 나오는 말갈 부대는 고구려 군대 가운데 특수부대에 해당되었다. 그런데 『구당서』나 『신당서』에는 말갈을 고구려인과 별개의 존재인 듯 구분해서 적어놓았다. 이런 식의 표현이 훗날에도 줄곧 답습되어 공연한 혼란을 일으키고 있는 것이다.

고구려 시대 고구려인들이 고구려 영역 안에 사는 말갈인들을 어떻게 생각하고 어떻게 통치했을까? 그 답은 이타인의 묘지명에 나와 있다. 여기에는 '고려 12주 말갈 37부'를 관할했다고 적혀 있다. 이때의 '고려'와 '말갈'은 다른 국적이 아님은 분명하다. 같은 고구려인이자 책주 사람이지만 생활방식이 다르고 종족이 다르기에 고구려는 '주', 말갈은 '부'로 편제하여 통치했던 것이다. 여기서의 '고려'에는 '말갈'과 생활방식이 다른 모든 고구려 사람이 포함될 것이다. 이들은 모두 스스로 고구려 사람, 고구려 주민이라고 생각했다. 이처럼 고구려 안에는 다양한 사람들이 고구려인으로 살았던 것이다.

우리 민족은 단군 이래 다문화가정이었다는 말이 있다. 하늘에서 내려온 환웅과 그의 도움으로 곰에서 사람으로 변한 웅녀가 결혼해서 단군을 낳았으니, 우리 모두 다문화가정 출신인 것이다. 그런데도 과학적으로도, 실제로도, 시대적으로도 맞지 않는 단일민족이란 용어에 사로잡혀 잘못된 결론을 내리는 경우가 적지 않다.

고구려라는 나라 안에 고구려인으로 살았던 말갈에 대해서도 이 잣대를 적용하여 스스로 논리적 모순을 범하는 경우가 있다.

예컨대 말갈은 우리 민족이 아닌 이민족이라고 보면서, 다수의 말갈인과 소수의 고구려인이 세운 발해는 고구려를 계승한 우리 역사라고 주장하는 것이 그것이다. 발해가 스스로 고구려 계승국임을 표방한 것은 명백한 사실이다. 이타인이 고구려 유민인 것도 명백한 사실이다. 대조영과 이타인이 예맥족이든, 말갈족이든 간에 고구려인이라는 사실은 변함이 없다. 그러므로 중국 사서에 고구려와 말갈로 구분해 놓은 것을 우리까지 굳이 받아들일 필요가 없으며, 고구려인인지, 말갈인인지 고민할 필요도 없다는 것이다.

9 고구려는 나의 뿌리이자 족쇄, 고선지와 이정기의 야망

고선지의 야망

고선지(高仙芝)는 중국 땅에서 태어난 고구려 유민의 후손이었다. 아버지인 고사계(高舍鷄)가 하서군(河西軍)에 있다가 안서로 옮기게 되어 고선지도 따라갔다. 고사계가 군공을 쌓아 사진십장(四鎭十將) · 제위장군(諸衛將軍)이 되자 그 덕으로 고선지는 이른 나이에 유격장군(遊擊將軍)이 되었고, 곧 아버지와 같은 반열에 올랐다. 그는 외모가 아름답고 우아했으며, 기마와 궁술에 능했고 용감했으며, 과단성이 뛰어났다고 한다. 절도사 전인완(田仁琬)과 개가운(蓋嘉運) 휘하에 있을 때에는 별반 활약을 보이지 못하다가, 부몽영찰(夫蒙靈察)의 추천으로 발탁되어 여러 차례 공을 세움으로써 승진했다. 언기진수사(焉耆鎭守使)를 거쳐 개원(開元) 말에 2천의 병력으로 천산산맥 서쪽의 달해부(達奚部)를 정벌한 공으로 안서부도호(安西副都護)·사진도지병마사(四鎭都知兵馬使)가 되었다.

고선지가 세상에 이름을 알리게 된 계기는 747년에 행한 소발률국(小勃律國) 원정을 성공하면서였다. 당시 당은 파미르 고원을 중심으로 사라센 제국과 경쟁하며 세력을 팽창해 가고 있었다. 이 사이에 끼어 있던 나라들은 자국의 안위를 보존하기 위해 어느 쪽에 가담할지 선택해야 했다. 이때 비교적 큰 세력이었던 토번(티벳)이 사라센 제국과 동맹을 맺고 당을 견제하기 위해 동진을 시도했다. 그러자 당 현종은 고선지를 행영절도사로 삼아 토번족을 정벌토록 했다.

고선지는 1만 명을 이끌고 오식닉국(伍識匿國)을 거쳐 파미르 고원을 넘어 토번족의 군사기지인 연운보(連雲堡)를 공격해 깨뜨렸다. 이 전투에서 당나라군은 적군 5천을 죽이고 1천 명을 사로잡았으며, 말 1천 필과 많은 무기와 군량을 노획했다. 고선지군은 계속 진격하여 험준한 힌두쿠시 준령을 넘어 소발률국의 수도인 아노월성(阿弩越城)을 점령했다. 그리고 토번 및 사라센 제국과 통하는 교량을 끊어버렸다. 이에 대식국(아라비아)을 비롯한 72개국이 어쩔 수 없이 당에 항복했다. 고선지는 이 공로로 홍려경섭어사중승(鴻臚卿攝御史中丞)에 올랐고, 천보 9년(749)에는 특진겸좌금오대장군동정원(特進兼左金吳大將軍同正員)이 되었다.

당 현종 9년(750)에 고선지는 다시 서역원정에 나섰다. 파미르 고원 서쪽 시르강 중류의 석국(타슈켄트)이 사라센 쪽에 귀부했기 때문이다. 이를 정벌하지 않으면 당으로 넘어온 세력들도 동요할 것이기 때문에 응징할 필요가 있었다. 고선지는 10만여 명의 대군을 거느리고 출정했다. 모두가 불가능하다고 생각하고 있던 천산산맥을 넘는 원정을 단행해 석국의 왕성을 함락시키고 왕과 공주를 포로로 잡아 장안으로 데려왔다. 이 일로 고선지는 당의 중앙정부에 존재감을 확실히 각인시키며 개부의동삼사(開府儀同三司)에 제수되었다. 명성과 지위가 모두 높아진 것이다. 그뿐만 아니라 수도 장안의 고급 주택가에 저택을 두 채나 소유하게 되었다.

사서에는 그가 탐욕스러워 석국 정벌 시 엄청난 양의 보물과 말, 무기 등을 노획했다고 나온다. 그러나 당시에는 승전의 대가로 노획물을 차지하는 것이 전쟁터에 나가는 가장 큰 묘미였으므로 고선지만 유독 노획물을 탐했다고는 할 수 없다. 이것은 두 차례에 걸친 서역 원정에서 고선지가 혁혁한 공을 세우고 값진 물품들을 많이 획득함으로써 경제적 부도 축적하고, 명성과 지위가 모두 높아진 것을 두고 한 시기 어린 비평이라고 볼 수 있다.

그러나 고선지의 운은 제3차 서역 원정을 기점으로 하향세로 돌아섰다. 당은 제2차 서역 원정에서 석국을 철저히 약탈하고 장안으로 이송한 석국의 왕도 참수했다. 이것이 서역 사람들에게 적개심을 불러일으켜 사라센 제국을 중심으로 한 연맹군이 결성되었다. 현종 10년(751)에 고선지는 7만의 군대를 이끌고 연맹군을 치러 갔다. 당나라군은 파미르 고원 북쪽 탈라스에서 벌어진 전투에서 크게 패했다. 당나라 편이라고 믿었던 카를루크국이 배신하여 배후에서 당나라군을 공격했기 때문이다. 이것이 세계사적으로 유명한 탈라스 전투다.

비록 패장이 되기는 했지만 당 현종은 여전히 고선지를 신뢰했던 것 같다. 현종은 그를 하서절도사(河西節度使)로 전임시키고, 우우림군대장군(右羽林軍大將軍)에 임명했으며 755년에는 밀운군공(密雲郡公)으로 봉했다. 바로 이 해(755) 11월에 안록산(安祿山)이 범양(范陽)에서 난을 일으켰다.

반란군 세력이 장안을 향해 진격해 오자 당 조정에서는 고선지를 토적부원수(討賊副元帥)에 임명하여 적을 토벌하게 했다. 반란군은 장안으로 들어가는 길목에 있던 요충지인 동관(潼關)을 차지하려 했다. 이때 동관은 고선지의 절친한 부하인 절도사 봉상청(封常淸)의 군대가 지키고 있었는데, 반란군에게 밀리고 있었다. 상부의 명에 따라 섬주(陝州)에 있던 고선지는 동관을 지키는 것이 무엇보다 중요하다고 여겨 상부의 명령을 기다리지 않고 동관으로 군대를 이동했다. 반란군의 손에 물자를 넘기지 않기 위해 떠나기 전에 태원창(太原倉) 관고(官庫)를 열어 양식과 비단 등을 부하들에게 모두 나누어주었다.

그러자 평소 고선지에게 사적으로 나쁜 감정을 품고 있던 부관 변영성(邊令誠)이 이를 당 현종에게 과장하여 밀고했다. 고선지가 적이 두려워 후퇴했고 관청 창고 안에 있던 물건을 횡령했다고 한 것이다. 보고를 받은 당 현종은 크게 노하며 당장 그를 참수하라는 명령을 내렸다. 이에 고선지는 변영성이 데리고 온 자객들 손에 오랫동안 생사고락을 함께 했던 봉상청의 뒤를 이어 진 중에서 처형되고 말았다.

고선지는 자신이 직접 뽑은 군사들에게 둘러싸여 있었다. 죽기 직전에 그들에게 "내가 군대를 이끌고 이곳으로 온 것은 동관을 사수하기 위해서였다. 후퇴한 것은 내 잘못이라고 할 수 있다. 그러나 횡령했다는 것은 모함이다. 내가 정말로 횡령한 사실이 있다면 제군들은 즉시 '사실이다'라고 말하라. 만약 내가 그런 일이 없었다면 '억울하다'라고 말하라"고 했다. 그러자 병사들이 일제히 "억울하다!"고 외쳤고, 그 소리가 땅을 뒤흔들 정도로 컸다.

고선지는 생전에 당으로부터 높은 관직을 제수받았고, 사서의 열전에 실릴 정도로 큰 업적을 세웠던 위대한 장군이었다. 그럼에도 지위 상승 과정에서 여러 차례 주변 사람들에게 모함과 질시를 받았다. 심지어 그를 처음으로 알아보고 적극 추천한 부몽영찰도 자신에게 승전 보고를 먼저 하지 않았다는 이유로 "개창자를 처먹을 고구려놈아! 개똥을 처먹을 고구려놈아!"라며 모욕적인 욕을 해댈 정도였다.

전쟁에 패해 나라를 잃은 망국민의 후손으로서 적국인 당에서 입신양명하기까지 얼마나 많은 멸시와 모욕, 모함, 차별을 견뎠을지 짐작할 수 있다. 전쟁에 적극 참여하여 군사적 능력을 발휘함으로써 지위를 상승시키고 부를 축적하는 데 힘썼던 것은 망국민의 후손인 고선지가 살아남을 수 있는 유일한 방법이었기 때문이다.

고선지는 실크로드를 통한 동서양의 문물 교류에 크게 기여함으로써 세계사적으로 유명한 인물이 되었다. 의도하지도 않았고, 승리한 것도 아니었지만, 탈라스 전쟁을 통해 중국의 제지법이 서역에 전해지면서 세계문명사에 크게 이바지했기 때문이다. 또한 토번 정벌 시 보여준 그의 천재적인 전략전술과 군사지휘관으로서의 능력은 영국의 탐험가 오렐 슈타인이 한니발이나 나폴레옹보다 위대했다고 평할 정도였다. 그는 한국사나 중국사에서보다 세계사에서 이름이 먼저 알려졌고, 더 빛났던 영웅이었다.

이런 점에서 고구려를 논할 때 고선지의 성취를 높이 선양하는 경향이 있다. 그런데 그의 활동상을 가슴 벅차게 보다가 문득 의문이 드는 때가 있다. 이처럼 군사 능력이 뛰어났던 고선지는 왜 고구려 부흥 운동을 벌이지 않았을까 하는 점이다. 물론 이 시기는 고구려 멸망 후 상당한 시간이 흘렀고, 특히나 그가 거주했던 안서도호부 지역은 고구려 본토와 반대편에 있었다. 당이 고구려 부흥의 싹을 자르기 위해 고구려 유민을 집단 사민을 시켜버렸기 때문이다. 따라서 주변에 고구려 출신 병사들이 있다고 하더라도 힘을 합쳐 고구려를 되살려야겠다는 희망을 품기는 어려웠을 것이다. 사실 황무지 변경에 뿌려진 고구려 유민들은 원거리 이동 끝에 도착한 척박한 환경 속에서 살아남기도 어려웠던 상황이었다. 이런 곳에서 하급 관직을 가진 부모 밑에서 자라 군사적으로 공을 세워 고위직에 오르고 경제적 부를 획득하며 명성을 널리 떨쳤다는 것만으로도 고선지의 업적은 높이 평가받아야 마땅할 것이다.

이정기의 꿈

이정기(李正己)의 본명은 회옥(懷玉)이다. 고구려 유민과 거란족, 선비족 등을 통치하기 위해 설치한 기미주인 영주(營州)의 평로(平盧)에서 태어나, 평로군 비장(裨將)이 되었다. 건원 원년(758)에 평로군수인 왕현지(王玄志)가 죽자, 당 조정에서 그의 아들을 평로절도사로 임명하려 했다. 이에 이정기가 그를 죽이고 고종사촌형인 후희일(侯希逸)을 추대해 군수로 세웠다. 이때 그의 나이 스물여섯이었다.

평로군은 안록산·사사명의 근거지와 가까웠지만 반안록산 노선을 띠고 있었다. 이 때문에 당 조정과 차단된 상태로 서쪽으로는 안록산군, 북쪽으로는 해족(奚族)의 침공을 받는 난처한 상황에 놓였다. 후희일과 회옥은 고민 끝에 평로군 2만 명을 이끌고 산동반도의 등주(登州)로 옮겼다가 청주(青州)에서 관군과 합류했다. 당 조정에서는 반란군에 합세하지 않고 바다를 건너온 것을 높이 평가해 후희일을 평로치청절도사(平盧淄青節度使)로 임명했다.

그런데 이후 후희일이 점차 불교에 심취하여 정사는 돌보지 않고 사찰 공사를 크게 일으키는 등 건축 공사를 무리하게 강행하자 불만이 쌓여갔다. 그에 반해 회옥의 인기는 날로 높아졌다. 후희일은 자신의 자리를 빼앗길까 두려워 회옥을 해임했다. 그러자 군중에서 "죄가 없으니 폐하는 것은 부당하다"며 들고 일어나 후희일을 내쫓고 회옥을 세웠다.

당 조정에서도 회옥에게 '정기'라는 이름을 하사하고, 평로치청절도관찰사로 임명한 다음 해운압발해신라양번사(海運押渤海新羅兩蕃使)·검교공부상서(檢校工部尙書)·어사대부(御史大夫)·청주자사(青州刺史)를 겸하게 했다. 얼마 후에는 검교상서우복야((檢校尙書右僕射)를 더해 주었고, 요양군왕(饒陽郡王)에 봉하였다. 대력 11년(776) 10월에는 검교사공(檢校司空) 동중서문하평장사(同中書門下平章事)가 되었다. 이처럼 당 조정이 이정기의 관직을 계속 높여준 것은 점차 확대되는 그의 세력을 무마하기 위한 방편이었다.

이정기는 치주·청주·제주·해주·등주·내주·기주·밀주·덕주·체주 등 10개 주를 확보했고, 조주·복주·서주·연주·운주 등을 얻어 모두 15개 주를 아우르게 되었다. 관작도 더욱 높아져 태자(太子) · 태보(太保) · 사도(司徒) 등이 더해졌다. 이정기의 위세는 이제 당 조정뿐 아니라 이웃 번진 세력들도 위협을 느낄 정도로 대단해졌다. 그러자 조정에서는 그를 견제하려고 했다.

이정기도 그에 대한 대비책으로 제음에 병사를 주둔시켰다. 그리고 서주에 병사를 증파하여 양자강과 회하 유역을 점거하여 운하를 장악해버렸다. 수도로 물자를 옮기는 조운 길이 막히자 당 조정에서는 길을 바꿀 수밖에 없었다. 당 조정과 이정기의 직접적인 충돌이 일어나기 직전이었다.

그런데 낙양과 장안을 눈앞에 둔 시점에 이정기가 갑자기 죽었다. 등창이 나서 49세에 죽음을 맞이하게 된 것이었다. 한숨을 돌리게 된 당 조정에서는 그를 태위(太尉)로 추증(追贈)하였다. 이정기의 아들 이납(李納)은 백성들의 동요를 우려하여 그의 죽음을 몇 달 동안 비밀에 붙였다. 이후 다시 세력을 정비하고는 제국(齊國)을 선포하고 왕이라 칭했다. 그 아들인 이사고(李師古)와 이사도(李師道)에 이르기까지 중국 안의 독립국가로 존립하다가 원화 14년(819) 2월 당과 여러 번진 세력의 총공격으로 무너지고 말았다.

이정기는 날래고 건장하며 용력이 대단했다고 한다. 보응 연간에 여러 군대가 사조의(史朝義)를 토벌하러 정주에 이르렀을 때, 회흘 추장이 우악스럽고 제멋대로 방자하게 구니 여러 절도사들이 모두 그에게 굴복했다. 이정기가 그 기세를 꺾으려고 각축을 하여 진 사람을 때리자고 제안했다. 이정기가 이긴 후 그의 목을 잡고 등짝을 후려갈기니 추장이 꼼짝못했고, 그 후 감히 포악한 짓을 못했다. 이정기의 용력이 대단했다는 사서의 기록을 입증해 주는 일화다. 그러면서도 성격은 침착하고 의연했다고 하니 그의 그릇됨을 짐작할 수 있다.

진중한 성격의 이정기가 후희일을 세운 뒤 평로군 집단을 이끌고 바다를 건너 산동으로 들어가기로 결정한 것은 주목할 만한 부분이다. 당시 고구려의 옛 땅에는 발해가 있었다. 『구당서』 이정기 열전 첫머리에 "고구려 사람이다"라고 기재되어 있는 것을 보면, 고구려가 멸망한 지 오랜 시간이 흘렀지만 그가 고구려 후손이라는 것을 모두 알고 있을 정도로 고구려인으로서의 정체성을 유지하고 있었음을 알 수 있다.

그런 그가 고구려 계승국임을 대내외에 표방하고 있던 발해로 가지 않고, 산동으로 들어간 데는 이유가 있을 것이다. 평로군 안에는 고구려 유민들이 많이 있었다. 그러나 고종사촌인 후희일이 중국인인 것에서 알 수 있듯이 평로군 전체가 고구려 유민은 아니었다. 어쩌면 이들을 이끌고 발해로 넘어가는 것은 애초에 고려하지 않았을지도 모르겠다. 그렇다고 해서 연고가 전혀 없는 등주로 집단 이주한다는 것도 쉽게 계획할 수 있는 일은 아니었다. 그가 평로치청절도사가 된 후 급속도로 세를 확대해 15개 주를 장악한 것을 보면, 개인적인 능력이 출중했다는 점 외에 그 지역에 호응하는 세력들이 있었음을 짐작할 수 있다.

그런 점에서 중국 내지로 끌려간 고구려 유민들의 존재를 떠올릴 수 있다. 당은 평양성을 함락시킨 후 고구려의 재기를 막기 위해 부유하고 강한 사람들 38,200호를 강회 남쪽과 산남, 경서 제주 등 광활한 지역으로 강제 이주시켰다. 『책부원귀』에는 이들의 그 후 정황에 대해 "고구려 포로를 사막의 서쪽에 배치하였다. 한편 고구려인들을 청주와 서주 지역에 흩어놓았기 때문에 이들을 감시하기 용이하였을 뿐만 아니라 그들로 하여금 힘써 개간하도록 하였다"고 되어 있다. 이는 이정기 세력이 청주와 서주 지역에 고구려 유민들이 집단 거주하고 있다는 것을 알고 건너왔으며, 그들을 기반으로 하여 급속도로 세를 불릴 수 있었다는 것을 말해 준다.

이정기 세력이 팽창할 수 있었던 또 다른 배경은 든든한 경제적 기반이었다. 그는 당 조정으로부터 해운압발해신라양번사로 임명되었다. 이 관직을 받기 전에 이미 발해와 당, 신라와 당 사이 무역을 관장하고 있었다. 등주는 요동이나 한반도에서 중국으로 건너가는 가장 가까운 지점에 있다. 따라서 이곳 해변가에는 고구려 유민뿐 아니라 백제 유민, 신라인 등이 많이 살고 있었다. 이정기는 이런 인적 자원과 군사력을 이용해 해상무역을 관장함으로써 부를 축적했고, 이를 기반으로 더욱 세력을 확장

할 수 있었던 것이다. 게다가 체주를 확보한 이후에는 그곳의 염지와 함께 산동의 합타에서 나는 소금을 독점함으로써 더 많은 부를 축적할 수 있었다. 운하를 장악하여 조운선 출입을 통제하고, 물자유통망을 장악함으로써 얻는 이익도 상당했다. 이정기와 그 자손들은 군사력과 함께 경제적인 면에서도 능력이 뛰어나 50여 년간 독립국가를 유지할 수 있었다.

당 조정과 주변에 있는 많은 번진에서 제나라의 세력 확장을 더 이상 두고 볼 수 없었던 이유도 여기에 있었다. 이들은 연합군을 결성해서 제나라를 치러왔다. 이때 주목되는 것은 이사도가 이끄는 제나라군이 연합군의 공격으로 멸망할 때, 신라인 장보고가 이사도를 공격한 무령군에 소속되어 있었다는 점이다. 고구려 유민의 후손이 세운 나라가 신라인에 의해 또다시 멸망한 것이다. 신라에서 혈혈단신으로 당에 건너간 청년 장보고가 젊은 나이에 산동 지역에서 세력을 키워 신라방을 만들었고, 이후 청해진을 중심으로 신라와 당, 일본을 잇는 해상무역권을 장악할 수 있었던 것은 이정기 일가가 일구어놓은 경제적 기반과 조직, 항로 등이 바탕이 되었기에 가능했다.

이처럼 알고 보면 이정기는 한국사에 중요한 역할을 한 부분이 있다. 특히 통일신라와 발해 시대에 서해안을 둘러싼 무역과 국제정치에서 활약한 부분이 적지 않다. 그런데 고선지에 비해 그와 자손들의 활약은 많이 알려지지 않았다. 아마도 그가 요하 지역을 떠나 중원으로 들어가 활동했던 것이 가장 큰 이유일 것이다. 이정기는 한국사에서도, 중국사에서도 변방에 속해 있었던 인물이다.

이정기는 한족이 아닌 고구려 유민으로서 당의 번진으로 활약했지만 한때 당 조정에 위협적인 존재였다. 신라, 발해와 연관된 활동을 하면서도 스스로 고구려 유민임을 내세웠다는 사료가 남아 있지 않다. 그렇기에 그가 정신적 고국으로 삼고 있던 나라가 어디인지 분명히 드러나지 않는다. 어쩌면 영주에서 바다를 건너 등주로 건너올 때 명실상부한 당나라 사람으로서 중원에서 활약하겠다는 의사를 분명히 했다고 볼 수도 있다. 그럼에도 중원의 본류가 되지는 못했으므로 중국사에서도 많이 다루지 않았다.

한국사에서는 그의 존재를 비교적 늦게 파악했다. 거대한 고구려, 거대한 한국사를 꿈꾸는 사람들에게는 아주 매력적인 인물이지만, 정작 그가 스스로 고구려 후손임을 강조하지 않았기 때문이다. 고구려 유민 자체가 한국사에서 차지하는 위상이 불분명한 점도 그가 많이 알려지지 않은 원인이 될 수 있다. 역사 인물을 볼 때 현재의 국가사적 관점에 입각해서 바라보기 때문이라고 할 수 있겠다. 그렇지만 이정기도 고선지와 마찬가지로 일생동안 자신이 고구려 유민의 후손이라는 꼬리표를 달고 다녔을 것이다. 자의든 타의든, 그것이 족쇄든 아니든 간에.

유화부인, 예씨부인, 소서노

우왕후

주통촌녀

관나부인

평강공주

옥소

2

영웅을 만든 고구려 여인들,

그들을 통해 고구려 사회를 들여다보다

1 고구려는 주몽이, 주몽은 어머니와 아내들이 만들었다! 유화부인, 예씨부인, 소서노

이규보가 전한 신모(神母) 유화부인의 참모습

고구려 건국신화에서 유화부인은 항상 조연으로 출현한다. 『삼국사기』, 『삼국유사』, 『위서』 등의 역사서에 그녀는 하백의 딸, 해모수의 아내, 주몽의 어머니로 나온다. 고구려 건국신화를 축약해 놓은 광개토태왕비와 모두루묘지 등에는 개인으로서의 그녀는 나타나지 않고 바로 아들인 주몽으로 넘어가 '하백의 손자'라고 칭하고 있다. 유교사관에 입각해서 전래의 이야기를 많이 윤색했다고 평가받는 『삼국사기』와 이 책의 내용을 거의 그대로 받아 옮긴 『삼국유사』 그리고 중국 사서들에도 유화부인의 활약은 별로 크지 않다. 그녀는 '누구의 딸', '누구의 아내', '누구의 어머니'로만 살았던 존재일까?

어차피 신화인 만큼 실존 인물처럼 따지고 분석할 필요가 없는지도 모르겠다. 하지만 신화는 역사 사실과 후대의 요소가 결합된 것이기에 신화에 담긴 시대와 신화가 정리된 시대의 사회상과 인식이 담겨 있다. 따라서 유화부인을 통해 고구려와 고려 시대의 사회상을 들여다볼 수 있다.

유화부인의 활약이 가장 풍부하게 서술된 고구려 건국신화는 고려 말 이규보(李奎報)가 쓴 『동국이상국집(東國李相國集)』「동명왕편(東明王篇)」이다. 이 글은 『삼국사기』 이전에 편찬된 『구삼국사(舊三國史)』에 실린 고구려 건국신화를 읽고 진한 감동을 느껴 정리한 장엄한 서사시다. 이규보는 일찍이 사람들이 이야기하는 동명왕에 관한 신통하고 이상한 일들을 듣고 웃으며, "선사(先師) 중니(仲尼)께서는 괴력난신(怪力亂神)을 말씀하지 않았다. 동명왕의 일은 실로 황당하고 기괴하여 우리들이 얘기할 것이 못 된다"고 했다.

그런데 고려 명종 23년(1193) 4월에 『구삼국사(舊三國史)』를 얻어 「동명왕본기(東明王本紀)」를 보니 그 신이(神異)한 사적이 세상에서 얘기하는 것보다 더했다고 한다. 내용이 신화적이라 "처음에는 믿지 못하고 귀(鬼)나 환(幻)으로만 생각했는데, 세 번 반복하여 읽어 점점 그 근원에 들어가니, 환(幻)이 아니고 성(聖)이며, 귀(鬼)가 아니고 신(神)이었다. 하물며 국사(國史)는 사실 그대로 쓴 글이니 어찌 허탄한 것을 전하였으랴" 하고는 동명왕에 대한 이야기를 다른 방향에서 생각하게 되었다.

그는 "동명왕의 일은 신이(神異)한 변화로 여러 사람의 눈을 현혹한 것이 아니고 실로 나라를 창시(創始)한 신기한 사적이니, 이것을 기술하지 않으면 후인들이 장차 어떻게 볼 것인가? 그러므로 시를 지어 기록하여 우리나라가 본래 성인(聖人)의 나라라는 것을 천하에 알리고자 하는 것이다"라며 동명왕편을 지었다.

우리는 아이들에게 서양의 「일리아드」나 「오디세이」 같은 영웅 서사시를 초등학교 때부터 필독서로 읽힌다. 그러면서 우리나라에도 이를 능가하는 유장하고 화려하고 감동적인 서사시가 있음을 제대로 전하지 못하고 있다.

이규보의 「동명왕편」을 읽어 내려가면, 해모수가 내려와 유화부인을 만나는 장면, 버림받고 귀양 간 유화부인이 금와왕의 궁전으로 가 별실에서 햇빛을 쬐고 아이를 갖는 과정, 알로 태어난 주몽이 자라면서 핍박을 받다가 부여를 탈출하여 남쪽으로 내려가 고구려를 세우는 과정 등이 판타지 영화를 보는 것처럼 머릿속에 화려하게 펼쳐진다. 최근 컴퓨터 그래픽 기술이 발전해 〈신과 함께〉 같은 영화가 만들어져 한국적 판타지의 가능성을 제대로 보여주었다. 주몽의 건국 과정도 이규보의 「동명왕편」을 밑그림으로 해서 영화로 만들면 괜찮지 않을까 한다.

무엇보다 중요한 것은 이규보의 「동명왕편」에도 주인공인 주몽의 활약이 단연 압도적이지만, 다른 사료에서는 매우 소략하게 다루어진 유화부인의 활약도 제법 나오고 있어 새로운 관전 포인트가 된다는 것이다. 유화가 해모수를 만나 사랑하고 이별하는 장면 역시 흥미진진하다.

유화부인에게만 초점을 맞추어 보면 2천 년이 훨씬 지난 지금이나 고구려 건국 당시나 남녀 간의 사랑, 결혼, 출산, 이후의 생활과 관련해서 비슷한 점이 너무 많아 깜짝 놀라게 된다. 해모수가 떠나버린 후 아버지에게 꾸중을 듣고 귀양살이를 하던 유화부인이 금와왕을 따라 부여 왕궁으로 간 뒤의 이야기가 여기에 해당한다. 금와왕이 유화부인을 별궁(別宮)에 살게 했는데, 햇빛이 유화부인을 따라다니며 비추더니 마침내 임신하여 아이를 낳았고 닷되들이 알이었다는 잘 알려진 이야기가 전개된다.

물의 신의 맏딸인 유화가 해모수를 만나 사랑한 탓에 친정에서도 쫓겨나 어부가 쳐놓은 그물에 걸린 물고기나 훔쳐 먹고 사는 신세가 되었다. 그러다가 금와왕을 만나 부여 왕궁으로 갈 수밖에 없었던 것은 결국 당시에도 여자 혼자 몸으로 살아내기가 쉽지 않았기 때문일 것이다.

유화부인은 금와왕의 별궁에서 햇빛으로 묘사되는 해모수와 몰래 다시 만나 아이를, 그것도 알로 낳았다. 하지만 해모수는 이번에도 아무런 후속조치를 하지 않고 떠나버렸다. 다른 남자의 아이를 낳고도 금와왕의 궁궐에 살 수밖에 없었으니 유화부인의 처지가 얼마나 곤궁했을지 충분히 짐작이 간다.

어미가 우선 받아서 기르니(母姑擧而養)
한 달이 되면서 말하기 시작하였다(經月言語始)
스스로 말하되 파리가 눈을 빨아서(自言蠅噆目)
누워도 편안히 잘 수 없다 하였다(臥不能安睡)
어머니가 활과 화살을 만들어 주니(母爲作弓矢)
그 활이 빗나가는 법이 없었다(其弓不虛掎)

유화부인이 낳은 아이는 태어날 때부터 남달랐다. 알로 태어난 것도 그렇지만 태어난 지 한 달도 되지 않아 파리 때문에 잠을 잘 수 없다고 말을 했고, 그래서 유화부인이 활과 화살을 만들어주었다.

활과 화살이 부여를 비롯한 북방 지역의 고대 왕들에게 얼마나 중요한 의미를 가지는지는 '활 잘 쏘는 사람'이란 뜻의 부여말이 '주몽'이고, 그것을 아이의 이름으로 삼았다는 것을 통해서도 잘 알 수 있다. 활을 잘 쏘는 것은 영웅의 기본 조건이었던 것이다. 그 활을 만들어주었다는 것은 영재인 주몽이 어릴 때부터 군사적 능력을 배양할 수 있도록 어머니가 조기교육을 단단히 시켰다는 것을 의미한다.

금와왕에게는 아들 일곱이 있어 주몽과 같이 성장했는데, 아무리 노력해도 모든 면에서 주몽을 따라잡을 수가 없었다. 그러니 주몽이 자신들에게 해가 될 것을 두려워하게 되었고, 갖은 방법으로 괴롭히며 부왕인 금와에게 그를 제거해야 한다고 계속 건의했다. 성격이 대범하고 영웅 기질이 있던 금와왕은 못난 자식들의 말을 그대로 수용하지는 않았다. 그는 주몽에게 마구간에서 말을 기르게 하면서 그가 진실로 부여에 반역할 뜻이 있는지 시험했다.

주몽은 어릴 때부터 자신의 출생에 대해 자부심을 가질 수 있도록 어머니로부터 교육을 받았기 때문에 말을 기르는 일이 치욕스러울 수밖에 없었다. 주몽은 어머니에게 "나는 하늘의 자손인데 남을 위하여 말을 기르니, 사는 것이 죽는 것만 못합니다. 남쪽 땅에 가서 나라를 세우고 싶지만 어머니가 계셔서 마음대로 할 수가 없습니다"라고 하였다.

그 어머니 이 말 듣고(其母聞此言)
흐르는 눈물 씻으며(潸然抆淸淚)
너는 내 생각하지 말라(汝幸勿爲念)
나도 항상 마음 아프다(我亦常痛痞)
장사가 먼 길을 가려면(士之涉長途)
반드시 준마가 있어야 한다며(須必憑駿騏)
아들을 데리고 마구간에 가서(相將往馬閑)

곧 긴 채찍으로 말을 때리니(卽以長鞭捶)
여러 말은 모두 달아나는데(群馬皆突走)
붉은 빛이 얼룩진 한 말이 있어(一馬騂色斐)
두 길 되는 난간을 뛰어 넘으니(跳過二丈欄)
이것이 준마인 줄 비로소 깨달았다(始覺是駿驥)

유화부인은 아들의 말을 듣고 "장사가 먼 길을 가려면 반드시 준마가 있어야 한다. 내가 말을 고를 수 있다"고 했다. 그녀는 목마장으로 가서 긴 채찍으로 어지럽게 때리니 여러 말이 모두 놀라 달아나는데 한 마리 붉은 말이 두 길이나 되는 난간을 뛰어넘었다. 부인은 이 말이 준마임을 알고 바늘을 혀 밑에 꽂아 두었더니 말이 먹이를 삼킬 수가 없어 심하게 야위었다.

금와왕이 목마장을 돌아보러 왔는데, 여러 말이 모두 살찐 것을 보고 기뻐하면서 야윈 말을 주몽에게 상으로 주었다. 금와왕이 돌아간 후 주몽은 말의 혀 밑에 꽂은 바늘을 뽑고 그때부터 잘 먹이고 잘 다듬었다. 『삼국사기』 등에는 주몽이 준마를 골라냈다고 썼지만 「동명왕편」에는 유화부인이 한 일이라고 자세히 서술해 놓았다.

유화부인은 아들이 자신 때문에 주저하지 않도록 단호하게 떠날 것을 명했다. 주몽은 오이, 마리, 협보 등 뜻을 같이하는 친구들과 함께 길을 떠나게 되었다. 엄체수(淹滯水)에 이르렀을 때

뒤에서는 부여군이 바짝 추격해 오고 강에는 배가 없어 건너지 못해 어찌할 바를 몰랐다. 그때 주몽은 엄마카드의 일종인 외할아버지의 도움을 받고 무사히 강을 건널 수 있었다. 하백은 비록 딸이 중매도 없이 남자를 만났다 하여 딸을 쫓아냈지만 외손자가 위기에 처하자 물고기와 자라를 보내 다리를 만들어 주몽이 무사히 강을 건널 수 있게 해주었던 것이다. 이에 대해 학계에서는 겨울철 얼음이 꽁꽁 언 강을 주몽 일행이 건너고 난 다음 날씨가 풀린 후 부여군이 추격해 와 강을 건너지 못한 상황을 묘사한 것이라고 보고 있다.

주몽은 경황없이 도망치느라 어머니가 챙겨준 보리 종자를 담은 주머니를 놓고 왔다. 부여 추격군을 겨우 따돌리고 큰 나무 아래에서 쉬던 중에야 비로소 그 사실을 깨달았다. 유화부인이 먼 길을 떠나는 아들에게 오곡 종자를 싼 주머니를 챙겨주었는데 그중 보리 종자가 든 주머니를 빠뜨리고 온 것이다.

한 쌍 비둘기 보리 물고 날아(雙鳩含麥飛)
신모의 사자가 되어 왔다(來作神母使)

주몽은 비둘기 한 쌍이 날아오는 것을 보고 "아마도 신모(神母)께서 보리 종자를 보내신 것이리라" 하고는 활을 쏘아 한 화살에 모두 떨어뜨린 다음 목구멍을 벌려 보리 종자를 얻었다.

그리고 비둘기들에게 물을 뿜어주니 다시 살아나서 날아갔다.

이처럼 「동명왕편」에 그려진 유화부인의 행적을 보면 그녀는 단순히 하백의 딸, 해모수의 아내, 주몽의 어머니 역할만 한 것이 아니었다. 활과 화살을 제작하고 준마를 알아보는 군사적 능력과 빠른 상황 판단력 그리고 강인한 추진력 등 지도자로서의 능력도 겸비한 존재였음을 알 수 있다. 또한 농사에 필수 요소인 물을 다스리는 친정을 배경으로 오곡 중심의 농경을 확대·보급하는 일을 주도하는 등 농경신의 면모도 가지고 있었음을 알 수 있다.

이러한 유화부인의 귀중함과 존귀함은 당시 고구려 사람들에게 널리 인정을 받았다. 3세기 중엽의 사정을 보여주는 『삼국지』「위서 동이전」 고구려조에는 왕도의 동편에 '국동대혈'이라 불리는 큰 동굴이 있고, 여기에 수신(水神)을 모셨다는 기사가 나온다. 실제로 고구려의 두 번째 수도였던 국내성, 즉 지안시 동쪽에는 현지인들이 '국동대혈'이라고 부르는 큰 동굴이 있다. 동굴 안에는 작은 제단처럼 생긴 바위가 있고, 여러 사람이 같이 들어갈 수 있는 제법 넓은 공간이 있다. 여기에서는 압록강 건너 북한 땅이 손에 잡힐 듯 보인다.

나라 동쪽에 있는 큰 동굴, 그 앞에 보이는 압록강, 압록강을 따라 내려가면 닿는 국내성 등 이런 요소들과 사료를 조합하면 국중대회의 장면을 떠올릴 수 있다. 고구려 사람들이 모두 모여 하늘에 제사를 지내고 축제를 즐겼던 국중대회인 동맹 때 이 동굴의 수신을 모시고 나와 배에 태운 다음 압록강을 따라 내려가 국내성에 도달해 다함께 경배하는 퍼포먼스를 벌임으로써 같은 시조와 시조모를 모시는 고구려인들의 단결을 도모했을 것이다.

당 태종이 쳐들어와 요동성을 함락시켰을 때 거기에 국조신을 모신 사당이 있었다고 하는데 그곳의 숭배 대상 역시 주몽과 시조모였다고 한다. 고구려 건국신화가 나라 안팎으로 널리 알려지면서 유화부인이 고구려의 신모로서 신성시되고 숭배되었으며, 그것이 고구려 말기까지 계속되었다는 것을 알 수 있다. 4세기 이후 고구려 왕들은 스스로 '천제지자하백지손(天帝之子河伯之孫)'이라며 자신들의 신성성을 강조했다. 하지만 고구려인들이 시종 신앙의 대상으로 삼은 것은 해모수가 아닌 유화부인이었다.

유화부인은 부여를 탈출한 주몽이 압록강 중류 유역에 이르러 고구려를 건국한 이후에도 그대로 동부여에 남아 있었다. 그리고 동명왕 14년(기원전 24)에 서거했다. 그녀가 죽자 금와왕은 태후의 예로 장례를 지내고 신묘(神廟)를 세워주었다고 한다. 부여의 정치적 갈등 세력이었던 주몽이 자신을 키워준 금와왕을 배신하고 떠났음에도 불구하고 유화부인의 장례를 성대하게 치러준 것을 보면, 금와왕은 인격적으로나 처신에 있어서 매우 훌륭한 사람이었다는 것을 알 수 있다. 유화부인 역시 그런 금와왕 곁을 끝까지 지켰다는 점에서 의리가 있는 여인이라고 할 수 있다.

부여에 홀로 남아 아들을 영웅으로 키워낸 예씨부인

주몽에게 영향을 끼친 여인이라면 자타공인 유화부인이 가장 큰 비중을 차지하겠지만, 그의 아내들인 예씨부인과 소서노도 기여한 바가 적지 않았다.

예씨부인은 주몽이 부여에 있을 때 결혼한 아내였다. 그녀는 유리왕이 아버지에 대해 알고 고구려로 가는 계기를 마련해 주는 부분에서 잠깐 등장한다. 그래서 예씨부인이 어떤 사람이었고, 어떤 역할을 했는지 구체적으로 알 수가 없다. 집안이나 부모에 대한 언급이 전혀 없는 것으로 보아 친정이 유력 가문은 아니었던 것 같다.

예씨부인은 임신한 상태였지만 뜻을 품고 부여를 탈출하려는 남편이 자신 때문에 발목 잡히지 않도록 보내주었다. 또한 부여 왕자들의 정치적 압박을 받을 수밖에 없는 처지에서 남편 없이 혼자 아들 유리를 낳아 누구보다 씩씩하고 능력 있는 인물로 키웠다.

동네 아낙이 이고 가는 물동이에 구멍을 낼 정도로 장난꾸러기였던 유리가 스스로 아버지를 찾아가 고구려 제2대 왕으로 즉위할 수 있었던 것은 예씨부인의 가정교육이 없었으면 이루어질 수 없는 일이었다. 매일 활쏘기나 하며 노는 것처럼 보였지만 유리는 이미 왕이 될 소양과 기본 능력을 갖춘 사람으로 성장하고 있었던 것이다. 이런 점들을 보면 예씨부인은 누구보다 자존감이 강하고 진취적이며 심지가 굳은 현명한 여인이었을 것이라 짐작된다.

고구려와 백제 건국을 주도한 여걸 소서노

주몽은 임신한 아내 예씨를 부여에 남겨두고 압록강 중류로 내려와 이 지역 여인인 소서노와 다시 결혼했다. 이는 압록강 중류의 정치세력과 부여에서 내려온 주몽 집단이 연합하여 고구려를 건국했음을 보여준다.

소서노란 이름은 『삼국사기』「고구려본기」에는 나오지 않고 「백제본기」 온조왕 즉위년조에 등장한다. 그런데 「백제본기」에는 소서노와 관련해서 두 가지 다른 내용이 나온다.

하나는 소서노가 졸본부여(卒本扶餘)왕의 둘째 딸이었다는 것이다. 졸본부여 왕은 아들이 없고 딸만 셋 있었는데 주몽이 보통 사람이 아님을 간파하고 둘째 사위로 삼았다. 그러고 얼마 지나지 않아 졸본부여 왕이 죽자 주몽이 왕위를 이었고, 이를 정치적 기반으로 삼아 고구려 지역연맹체의 맹주 자리를 차지했다. 이후 주몽과 소서노는 아들 둘을 낳았는데 맏아들은 비류(沸流), 둘째 아들은 온조(溫祚)라 하였다. 이 설에 따르면 비류와 온조는 주몽의 친아들이다.

다른 하나는 소서노가 졸본 사람 연타발(延陀勃)의 딸인데, 북부여 왕(北夫餘王) 해부루(解夫婁)의 서손(庶孫) 우태(優台)에게 시집가 비류와 온조, 두 아들을 낳고 살다가 우태가 죽자 과부가 되어 졸본에서 지냈다는 것이다. 그녀는 주몽이 부여에서 졸본으로 도망와 고구려를 세우는 데 큰 도움을 주었고, 그 때문에 주몽이 그녀를 특히 총애하고 후하게 대접했으며, 비류와 온조도 자기 자식처럼 대했다고 한다.

이 설에 따르면 비류와 온조는 주몽의 친아들이 아니었다. 어느 쪽이 사실인지 알 수 없지만 주몽이 고구려를 건국할 당시에 소서노가 큰 역할을 했다는 것은 분명한 것 같다.

그런데 뒤에 주몽이 부여에 있을 때 혼인했던 예씨부인에게서 낳은 아들 유류(孺留), 즉 유리가 내려오자 주몽은 그를 태자로 삼은 뒤 왕위까지 물려주고 하늘로 올라가버렸다. 이때 비류가 동생 온조에게 "처음 대왕께서 부여의 난을 피하여 이곳으로 도망왔을 때, 우리 어머니가 가산을 내주어 나라의 기초를 세우는 위업을 도와주었으니, 어머니의 조력과 공로가 많았다. 그러나 대왕께서 돌아가시자, 나라가 유류에게 돌아갔다. 우리가 여기에서 공연히 쓸모없는 사람같이 답답하고 우울하게 지내는 것보다는 차라리 어머님을 모시고 남쪽으로 가서 살 곳을 선택하여 별도로 도읍을 세우는 것이 좋지 않겠는가?"라고 말했다.

이에 온조가 뜻을 같이하여 함께 무리를 이끌고 한강 유역으로 내려왔다. 어머니 소서노도 함께 내려와 백제 건국에 힘을 보탰다. 소서노는 나이 서른에 주몽을 도와 고구려를 건국했고, 마흔아홉 살에는 아들을 도와 백제를 세웠다. 그리고 온조왕 13년(기원전 6)에 61세의 나이로 사망했다. 당시 마흔아홉이면 노인이라고 할 수 있는데, 소서노는 아들들이 고구려를 떠나기로 결정하자 주저 없이 따라나섰고 모든 것을 다 걸어야 가능한 건국 사업에 참여했다.

이러한 소서노의 행동은 유화부인, 예씨부인과는 또 다른 면을 보여준다. 소서노는 아무것도 가진 게 없고 의지할 곳도 없이 부여에서 온 유이민인 주몽의 능력과 가능성을 알아보고, 자신의 재산과 능력을 모두 바쳐 주몽이 고구려의 왕이 될 수 있도록 지원했다. 또 고구려 왕후로서 지위가 탄탄했음에도 불구하고 아들들의 뜻에 따라 기득권을 내려놓고 남쪽으로 내려가 또다시 나라를 세우는 고단한 일에 기꺼이 참여했다. 고구려의 주몽, 백제의 온조보다 그 업적이 못하지 않았음에도 역사에서는 소서노의 업적을 제대로 평가해 주지 않았다. 그녀의 활동에 대해 상세히 서술하지도 않았다.

백제와 고구려 건국에 주도적으로 참여했던 소서노는 명석한 판단력과 불굴의 의지를 가진 능력 있는 사람이었다. 여성들의 사회활동이 여성으로서가 아닌, 한 사람, 한 인간으로서 제대로 평가받는 시기가 오면, 소서노의 업적도 제대로 조명받을 수 있지 않을까 기대한다.

2 왕은 내가 세운다! 우왕후의 선택

'히스토리(History)'라는 단어 자체가 '그의 이야기', 즉 남자들의 이야기라고 하듯이 역사서의 주인공은 대체로 남자들이다. 여자가 주인공인 경우는 매우 드물고 주인공이더라도 남자와 관련된 이야기가 대부분이다. 여기에 유교사관이란 필터를 거치게 되면 그나마 남은 여자 주인공의 비중은 더 줄어들거나 사실 자체가 원상태에서 조금 비틀어지고 심하면 왜곡된다. 앞에서 살펴본 유화부인 이야기에서도 그런 면을 확인할 수 있다.

하지만 유교 관념이 완전히 정착된 17세기 이전에는 여성들의 역할과 위상, 사고와 행동방식 그리고 사회 전반의 의식 등이 우리가 흔히 생각하는 것과 많이 달랐다. 고국천왕(故國川王)과 산상왕(山上王)의 아내였던 우왕후에게서 그런 면을 엿볼 수 있다.

4연나의 반란과 우왕후

우씨는 고국천왕 2년(180) 2월에 왕후가 되었다. 『삼국사기』에는 그녀가 제나부(提那部) 우소(于素)의 딸이라고 나온다. 제나부는 판각 과정에서 잘못 새긴 글자이고, 실제는 연나부(椽那部)이다.

고국천왕 12년(190) 9월에 중외대부 패자 어비류(於畀留)와 평자(評者) 좌가려(左可慮)는 왕후의 친척이라는 권세를 믿고 패악질을 일삼았다. 이 소식을 전해들은 왕이 노해서 이들을 죽이려 했다. 그러자 좌가려 등이 4연나(椽那)와 더불어 반란을 일으키려 했다. 이 기사를 통해 제나부가 연나부의 오자라는 것을 알 수 있다.

고국천왕은 왕후의 친정 친척들의 반란 사건을 계기로 가문을 따지지 않고 능력 있는 인물을 뽑아 나랏일을 맡기기로 했다. 그리하여 안류의 추천을 받아 서압록곡 좌물촌에서 농사를 지으며 살고 있던 을파소(乙巴素)를 발탁하여 최고위직인 국상(國相) 자리를 새로 만들어 앉혔다. 이처럼 파격적인 인사로 고구려는 한 단계 더 발전할 수 있게 되었다.

하지만 이로 인해 처지가 곤란하게 된 사람이 있었다. 바로 우왕후였다. 비록 친정에서 모반을 했지만 왕후의 자리에서 쫓겨나지 않은 것을 보면 연나부의 힘이 여전히 대단했음을 짐작할 수 있다. 이처럼 연나부가 막강한 권세를 누리게 된 배경이 무엇일까?

왕비도, 국상도 연나부에서 나오다

고구려 건국 당시 중심이 된 세력으로 다섯 개의 나부가 있었다. 왕실인 계루부, 비류나부, 연나부, 관나부, 환나부가 그것이다. 이 나부들은 중국사서인 『삼국지』와 『후한서』 등에는 계루부, 소노부, 절노부, 관노부, 순노부로 나온다. 이들은 이전에 각각 독립 소국으로 있으면서 외부 세력과 전쟁이나 무역 등의 일이 있을 때 공동대응하기 위해 지역연맹체를 결성했다.

주몽이 부여에서 내려오기 이전에 압록강 중류 유역에는 이미 '고구려'라고 불리는 정치세력이 존재하고 있었다. 기원전 107년에 설치된 현도군에 고구려현이 있었던 것은 그 때문이었다. 즉 '주몽이 건국한 고구려' 이전에 고구려가 존재했던 것이다. 그 고구려는 신라처럼 하나의 소국이 성장한 것이 아니라 여러 소국들이 함께 구성한 지역연맹체였다.

주몽 이전에 이미 결성된 제1차 고구려 지역연맹체를 주도하던 맹주국이 비류국이었고, 그 대표자가 송양왕이었다. 주몽은 송양왕과 대결한 끝에 맹주 자리를 차지하게 되었다. 이것이 제2차 고구려연맹체의 결성이자, 『삼국사기』에 기원전 37년에 건국했다고 전하는 고구려인 것이다.

주몽과 유리왕으로 이어지는 계루부 출신 고구려 왕들은 연맹체에 들어온 건국 주체 세력들과 합의하에 정치를 운영했지만 자신들의 권력을 더욱 강화시키는 방향으로 정책을 만들어 나갔다. 이제 연맹체에 들어온 다른 세력들은 독립 소국을 유지하지 못하고 고구려 왕의 신하가 되었지만 자신들의 기득권을 지키기 위해 노력했다. 고구려의 발전 과정을 내부에 초점을 맞춰 들여다보면 왕권을 강화하려는 국왕 측과 자신들의 기득권을 유지하면서 왕과 합의하여 국정을 운영하려는 귀족 측 사이에 밀고 당기기가 계속되다가 결국 왕에게 힘이 집중되는 방향으로 전개되었다.

고구려는 중앙집권화가 이루어지기 전까지 5나부가 각각 내부의 일을 반독자적으로 운영했고 대외적인 일은 공동으로 처리했다. 이런 나부통치체제가 대무신왕 대부터 3세기 말까지 계속되었다. 고국천왕이 즉위한 때는 바로 나부통치체제가 운영되던 시기였다. 따라서 왕이 국상 자리를 신설하고 을파소를 등용한 것은 대단히 이례적인 일이었다. 여느 때 같으면 귀족들의 심한 반대에 부딪쳐 불가능했을 개혁적인 일인데, 4연나의 모반 사건을 빌미로 밀어붙일 수 있었던 것이다.

그럼에도 연나부의 세력은 막강했는데 이는 국왕 쪽에서 유도한 결과였다. 부여에서 온 유이민에 불과한 주몽이 비류국 송양왕이 주도하던 고구려 지역연맹체의 맹주가 되었지만, 계루부 왕실의 힘은 지역적 기반이나 정치적 세력 면에서 송양국에 미치지 못했다. 유리왕이 전렵을 숱하게 다니고, 왕비를 여럿 두고, 새로운 도읍지로 천도하는 등 자기 기반을 마련하기 위해 엄청난 노력을 했던 것을 상기해 보면 충분히 짐작할 수 있다. 대무신왕 대에 왕이 직접 부여를 공격해 부여 왕을 죽이는 성과를 거두면서 왕권이 더 강화될 수 있었다. 그래서 대무신왕 대에 고구려에 들어온 반독립적인 소국 세력들을 나부로 만들어 국왕 아래에 편제하는 나부통치체제의 기초를 놓았고 태조왕 대에 5나부체제를 완성할 수 있었다.

하지만 비류국을 나부로 편제한 비류나부, 즉 『삼국지』에 소노부로 나오는 비류나부의 위상은 옛 국주(國主)였다고 해서 3세기 중엽까지도 독자적으로 종묘를 세우고 농경신과 토지신에 제사를 지낼 정도로 위압적이었다. 이에 국왕 측에서는 비류나부의 힘을 약화시키기 위해 연나부, 즉 절노부와 대대로 혼인함으로써 연나부의 힘을 키워주는 동시에 왕권을 강화하는 방식을 택했다. 이 전략은 어느 정도 성공을 거두었지만 부작용도 발생했다.

165년 연나부 출신 조의 명림답부가 차대왕을 시해하고 신대왕을 옹립하는 쿠데타에 성공하면서 국상이 되었다. 이때부터 왕비와 국상이 모두 연나부에서 나오게 되었다. 그러자 이제는 연나부의 힘이 지나치게 비대해진 것이다.

4연나가 모반을 일으키다 진압되었음에도 불구하고 우왕후가 폐위되지 않았던 것에는 이런 배경이 있었다. 그러나 우왕후로서도 편치 않음이 분명했다. 하지만 이런 상황을 반전시킬 수 있는 일이 일어났다. 19년 동안 나라를 다스리던 고국천왕이 슬하에 자식이 없어 태자를 세우지 못한 채 여러 신하들 앞에서 유언도 남기지 못하고 서거한 것이다. 우왕후는 이 기회를 놓치지 않았다.

형제와 결혼하여 두 번 왕후가 된 여인

고국천왕이 서거한 날 밤, 우왕후는 아무에게도 알리지 않고 궁궐을 빠져나와 첫째 시동생인 발기(發岐)의 집으로 찾아갔다. 밤늦게 형수가 혼자 찾아온 연유를 몰라 어리둥절해 있는 발기에게 우왕후는 "왕에게 후손이 없으니 만약 왕에게 무슨 일이라도 생기면 그대가 마땅히 뒤를 이어야 합니다"라고 말했다. 이 말에 화가 난 발기는 "하늘이 정하는 운수는 돌아가는 곳이 있으므로 가볍게 의논할 수 없습니다. 하물며 부인이 밤에 돌아다니는 것을 어찌 예(禮)라고 하겠습니까?"라고 형수에게 쏘아붙였다.

우왕후는 잠시 부끄러워했지만 이내 결심을 하고 발기의 집에서 나오자마자 곧장 둘째 시동생인 연우의 집으로 갔다. 연우 역시 황당했지만 무언가 이유가 있겠거니 생각하고 의관을 갖추고 문까지 나가 왕후를 반갑게 맞이하여 방으로 들여앉히고는 술상을 차려오게 했다. 성격이 센 발기에게 무안을 당하고 온 우왕후는 친절한 연우의 태도에 마음이 풀려 그에게 바로 사실을 말했다. 왕후는 "대왕께서 돌아가셨으나 아들이 없으므로 발기가 연장자로서 마땅히 뒤를 이어야 하겠지만 첩에게 다른 마음이 있다면서 무례하게 나를 대하기에 그대를 보러 온 것입니다"라고 하였다.

이에 연우가 더욱 예의를 차리며 황망한 일을 당해 식사도 제대로 못한 형수를 위해 친히 칼로 고기를 썰어 대접하려다 그만 손가락을 베고 말았다. 그러자 왕후가 즉시 치마끈을 풀어 그의 다친 손가락을 싸매어주었다. 그러고는 궁으로 돌아가려 하면서 연우에게, "밤이 깊어 예기치 못한 일이 있을까 염려되니, 그대가 나를 궁까지 바래다주시오"라고 말했다. 그 말이 무슨 뜻인지 알아챈 연우는 즉시 왕후의 손을 잡고 궁으로 들어갔다.

다음날 새벽, 우왕후는 고국천왕이 서거하기 전에 연우에게 왕위를 물려주겠노라 유언을 했다고 거짓말을 했다. 확인할 길이 없는 신하들은 그 말에 따라 연우를 왕으로 삼았다.

발기가 이 소식을 듣고 크게 화를 내면서 병력을 동원해 왕궁을 포위하고는 "형이 죽으면 첫째 아우가 그 자리를 잇는 것이 예다. 차례를 뛰어넘어 네가 임금 자리를 빼앗는 것은 큰 죄다. 빨리 나오너라" 하고 소리쳤다.

하지만 연우는 사흘간 궁궐 문을 닫고 꿈쩍도 하지 않았다. 나라 사람들도 발기를 따르지 않았다. 상황이 이렇게 돌아가자 발기는 처자를 데리고 요동으로 도망가서 후한 태수 공손도(公孫度)를 만나 병사를 빌려줄 것을 부탁했다. 한 군현을 수시로 침공해 오는 고구려가 왕자들 간의 싸움으로 내분을 겪고 있으니, 공손도는 회심의 미소를 지으며 발기의 부탁을 흔쾌히 들어주었다.

발기가 후한군을 앞세워 고구려를 공격해 오자, 연우는 이전에도 후한과 싸움에서 승리를 거둔 바 있는 동생 계수(罽須)를 보내 대응하게 했다. 계수는 이번에도 한의 군사를 단번에 무찔렀다. 그는 스스로 선봉이 되어 싸움에 패하고 도망가는 발기와 후한 병사들을 추격했다.

그러자 발기가 계수를 보고 말하기를 "네가 지금 이 늙은 형을 차마 해칠 수 있겠느냐?" 하였다. 계수는 "비록 연우 형님이 왕위를 양보하지 않은 것이 의롭지 못하긴 하지만, 그렇다고 형님이 자기 분을 못 이겨 적국의 병사를 몰고 와 자기 나라를 멸망시키려는 것은 더 큰 잘못입니다. 형님은 죽어서 무슨 면목으로 조상님들을 보시려고 하십니까?"라고 하였다.

동생에게 뼈아픈 말을 들은 발기는 부끄럽고 후회스러워 배천(裴川)으로 달아나 스스로 목을 찔러 죽었다. 이를 본 계수는 소리 내어 슬피 울며 형의 시체를 거두어 풀로 덮어 매장하고 돌아왔다.

소식을 전해들은 연우는 한편으로 슬퍼하고 한편으로 기뻐하며 계수에게 술을 대접했다. 그러면서 발기가 자살했을 때 슬피 운 것이 연우가 도리를 모른다고 비난하는 의미가 담긴 것은 아닌지 계수를 슬쩍 떠보았다.

그러자 계수는 죽음을 각오하고, "비록 선왕의 유명으로 왕후께서 형님을 왕위에 세웠더라도, 대왕께서 예로써 사양하지 않은 것은 일찍이 형제의 우애와 공경의 의리가 없었던 까닭입니다. 신은 대왕의 미덕을 이루어 드리기 위해 발기 형님의 시신을 거두어 안치한 것입니다. 이 때문에 대왕의 노여움을 살 줄은 몰랐습니다. 대왕께서 만일 어진 마음으로 악을 잊으시고, 상례(喪禮)를 갖추어 발기 형님을 장사지내면 누가 대왕을 의롭지 않다고 하겠습니까? 신은 이미 할 말을 하였으니 죽어도 살아있는 것과 같습니다. 관부에 나아가 죽기를 청합니다"라고 하였다.

왕이 그 말을 듣고 따뜻한 얼굴로 위로하며 "과인이 불초하여 의혹이 없지 않았다. 지금 그대 말을 들으니 진실로 내 과오를 알겠다. 그대는 자신을 책망하지 말기 바란다"라고 했다. 이에 둘이 서로 절을 하며 기쁘게 술을 마셨다.

왕으로 즉위한 연우, 즉 산상왕은 그해 9월, 담당 관청에 명하여 발기의 시체를 받들어 모셔오게 하여 왕의 예로써 배령(裴嶺)에 장사를 지내주고 우씨를 왕후로 삼았다. 우왕후로 인해 자신이 왕위에 올랐기 때문이다.

태후가 된 우왕후, 동천왕도 그녀가 세웠다?

첫 번째 남편인 고국천왕이 서거한 날 밤, 자신의 명운을 걸고 연우를 왕으로 선택한 우왕후는 두 번이나 왕후가 되는 영광을 누렸지만 끝내 자식을 낳지 못했다. 그렇지만 그녀는 동천왕(東川王) 2년(228) 3월에 왕태후가 되었다. 동천왕은 소후 주통촌녀의 아들인 교체(郊彘)였다. 그런데 동천왕은 왜 생모가 아닌 그녀를 태후로 봉했을까?

우왕후는 주통촌녀가 산상왕의 아이를 가졌을 때 그녀와 아이를 죽이기 위해 자객을 보냈다. 그때 주통촌녀가 현명하게 대처하여 모자는 목숨을 부지할 수 있었다. 뒤늦게 이 사실을 안 산상왕이 우왕후에게 그러지 말기를 부탁하자 더 이상 해코지 하지는 않았다.

하지만 우왕후는 훗날 친자식이 아닌 교체태자가 왕위를 이을 경우 자신을 해칠까봐 두려웠다. 궁리 끝에 우왕후는 태자의 마음과 성품을 시험하기로 했다. 만약 조금이라도 포악한 기질이 있다면 무슨 수를 써서라도 그를 제거해야 했기 때문이다.

우왕후는 태자가 놀러 나가기를 기다렸다. 어느 날 태자가 출타하자 사람을 시켜 그가 타고 다니는 말의 갈기를 전부 자르게 하였다. 자신의 말의 갈기를 누군가가 갑자기 다 잘라버리면 사람들은 대개 불같이 화를 낼 게 뻔했다. 그러나 외출에서 돌아온 태자는 말의 몰골을 보고 "말이 갈기가 없으니 너무나 불쌍하구나"라고만 했다.

또 한 번은 시중드는 사람을 시켜 교체태자에게 식사를 올릴 때 국을 옷에 엎지르게 했다. 역시 치도곤을 당할 일이었으나 태자는 이번에도 화를 내지 않고 괜찮다며 시중드는 이를 안심시켰다.

우왕후는 이 일들을 통해 교체가 매우 착하고 온화한 성품이라는 것을 알게 되었고, 그의 기본적인 품성으로 보아 자신을 해치지 않을 것이라는 확신이 들었다. 이 때문에 교체태자가 산상왕을 이어 왕으로 즉위하는 데 훼방을 놓지 않고 오히려 도움을 주었던 것 같다. 근거 사료는 없지만 동천왕이 그녀를 태후로 봉한 것이 그에 대한 보답일 것으로 추정되기 때문이다.

그렇다면 우왕후는 두 번이나 왕후가 되었을 뿐 아니라, 두 명의 왕을 자신의 손으로 직접 선택하여 올린 것이 된다.

태후 우씨의 죽음을 통해 본 고구려 사회의 변화

대단한 권세를 오랫동안 누렸던 우태후도 두려운 것이 있었다. 동천왕 8년(234) 9월 죽음을 앞둔 우태후는 "내가 도의에 어긋난 행동을 하였으니 장차 무슨 면목으로 국양(國壤)을 보겠는가? 만일 여러 신하들이 차마 나를 구렁텅이에 빠뜨리지 못하겠다면, 나를 산상왕릉 옆에 장사지내주기 바란다"라고 유언했다. 국양은 고국천왕의 이름이다.

고구려에서는 기본적으로 부부를 한 봉분에 합장했다. 대형 적석총인 태왕릉과 장군총을 보면 무덤 방 안에 돌로 만든 관대 두 기가 나란히 있다. 부부 중 어느 쪽이 먼저 사망하면 그를 먼저 안치하고 석실문을 닫아 두었다가, 나중에 남은 한 명이 죽으면 문을 열어 관을 넣고 다시 문을 봉했다.

하나의 무덤 방 안에 세 개의 관대가 들어 있는 고분도 있다. 아마도 두 명의 아내가 있었든가 아니면 두 명의 남편이 있었든가 했을 것이다. 재미있는 것은 그 경우 관대 하나는 다른 관대에 비해 조금 더 크지만 둘은 크기나 모양이 똑같다. 무용총에 그려져 있는 주인공 부부의 생전 실내 생활을 그린 부분을 보면 남자 주인공 옆에 여자 주인공들이 나란히 앉아 있다. 이들은 부인으로서 자리에 격차가 없고, 그림 크기도 동일하여 전혀 차등을 두지 않았다. 즉 고구려 당시에는 결혼 순서에 따라 첫째 부인과 둘째 부인이 있지만 조선시대처럼 처와 첩이라는 개념은 없었던 것이다.

다시 우태후 이야기로 돌아와서, 그녀가 이렇게 유언하자 마음씨 좋은 동천왕이 태후의 소원대로 장사를 지내 주었다. 그런데 문제는 이것이 당시까지의 고구려 상례법과는 달랐다는 것이다. 고구려에서는 형사취수제가 있어서 형이 죽었을 때 형수를 아내로 삼을 수 있었지만, 죽으면 첫 번째 남편 곁에 묻히는 것이 기본 예법이었다. 그런데 우태후는 두 번째 남편인 산상왕 곁에 묻어달라고 유언을 했고, 동천왕이 그 부탁을 들어준 것이다.

그러자 이상한 일이 생겼다. 태후의 장례를 치른 다음 날 무당이 동천왕에게 고국천왕의 말씀을 전달했다. "어제 우씨가 산상왕에게 가는 것을 보고 분하고 화가 나서 참을 수가 없어 결국 함께 싸우고 말았다. 돌아와 생각해 보니 내가 부끄러워 차마 나라 사람들을 볼 수 없다. 그러니 네가 조정에 알려 물건으로 내 앞을 가리도록 하라"고 했다는 것이다.

이 말에 따라 고국천왕의 능 앞에 소나무를 일곱 겹으로 심어서 앞을 가려주었다고 한다. 우태후는 살아서도 죽어서도 다른 이들이 할 수 없는 일을 한 것이다.

여기에서 한 가지 중요한 사회변화를 읽을 수 있다. 우태후가 죽음을 앞두고 한 말을 다시 되새겨보자. 그녀는 "내가 도의에 어긋난 행동을 하였으니 장차 무슨 면목으로 국양(國壤)을 보겠는가?"라고 했다. 도의에 어긋난 행동이란 자신이 고국천왕의 유언이라며 거짓말을 하고 산상왕을 왕으로 즉위토록 한 것이 아니라, 고국천왕 서거 후 시동생과 재혼한 것을 말한다고 본다. 그렇다면 이전에는 형사취수가 당연한 전통이었는데, 이 시기에는 그것이 지탄을 받는 사회로 변화되었다고 볼 수 있다.

형사취수제는 흉노 등 북방민족들의 고유풍속으로, 남편이 전쟁터에 나가 희생될 경우 남은 아내와 아이들이 살아갈 수가 없으므로 시동생이 형수와 조카를 책임지라는 의미를 가진 풍습이다. 그런데 유교적 도덕관념에서 보면 이것은 매우 부도덕한 풍습이 된다. 학계에서는 우왕후를 통해 고구려가 당시 수렵, 유목 중심 사회에서 농경 중심 사회가 되었고, 유교적 윤리의식이 도입되어 사회 인식이 변화되는 단계였다고 보고 있다. 우왕후는 정말 드라마틱한 삶을 살았을 뿐 아니라 죽어서도 많은 이야깃거리를 남긴 것이다.

3 산상왕이 사랑한 여인, 주통촌녀

아들 낳기를 소망했던 산상왕, 주통촌에 가다!

고국천왕의 둘째 동생인 산상왕은 부자상속이든 형제상속이든 왕위계승권자가 아니었다. 그가 왕이 된 것은 순전히 우왕후 덕이었다. 그래서 그는 즉위 후 다른 왕비를 들이지 않고 형수를 왕비로 삼았다. 그런데 우왕후는 아이를 갖지 못했다. 자신의 뒤를 이을 왕자를 갖고 싶었던 왕은 그 마음이 점점 깊어져 재위 7년(203) 3월에 산천에 기도를 올렸다. 그 간절한 소망이 하늘에 닿았는지 그달 15일 밤에 하늘이 꿈에 나타나 말하기를 "내가 너의 소후(少后)로 하여금 아들을 낳게 할 것이니 걱정하지 말라"고 하였다. 그런데 산상왕에게는 소후가 없었다.

왕은 잠에서 깨어나 여러 신하들에게 꿈 이야기를 하며 "꿈에 하늘이 나에게 이와 같이 타일렀는데 소후가 없으니 어떻게 해야 하겠느냐?"고 물었다. 그러자 국상인 파소(巴素)가 어찌 대답할지 몰라 가만히 있는 여러 신하들을 대표해 대답했다. "하늘의 뜻이니 전적으로 믿으셔야 합니다. 믿고 기다리시면 됩니다."

하늘의 뜻은 5년이나 지나서야 실현되었다. 산상왕 12년(208) 11월, 하늘에 제사지낼 때 바치려고 준비한 돼지(郊豕)가 달아났다. 깜짝 놀란 제수 담당자가 돼지를 잡으러 쫓아갔는데 쉽게 잡히질 않았다. 요리조리 달아나던 돼지가 주통촌(酒桶村)으로 쏙 들어가 버렸다. 제수 담당자가 뒤따라 들어가니 그 마을에 사는 스무살 쯤 된 아름다운 여인이 돼지를 잡아 그에게 웃으며 넘겨주었다. 자신이 아무리 잡으려 해도 잡히지 않던 돼지가 젊은 처자에게 쉽게 잡힌 것을 보고 이상하게 여긴 제수 담당자가 궁으로 돌아와 왕에게 그 일을 아뢰었다.

하늘에 제사를 지내기 위한 돼지와 관련된 일이므로 왕은 그 이야기를 유심히 들었다. 그리고 좀 이상하다는 생각이 들어 평복으로 갈아입고 밤에 주통촌으로 찾아갔다. 여자의 집에 들어가 그녀를 불렀는데 그 집 사람들은 밤에 난데없이 찾아온 남자가 왕임을 알고 감히 거절할 수가 없었다. 결국 방으로 들어와 왕을 맞이한 여인은 왕에게 다짐을 받고자 했다. 그녀는 비록 지엄한 존재인 국왕 앞이지만 자신의 의견을 조용하나 단호한 어조로 밝혔다. "대왕의 명이라 감히 피할 수는 없습니다. 하지만 한 가지 약속을 해주시기 바랍니다. 만약 제가 아들을 낳으면 저와 아이를 버리지 마시고 반드시 궁궐로 데려가 주시기 바랍니다"라고 했다. 왕은 그렇게 하겠노라 약속하고 여인을 품에 안았다. 자정 무렵 왕은 일어나 궁으로 돌아갔다.

아들 교체를 낳다

다음 해인 산상왕 재위 13년(209) 3월, 우왕후는 왕이 주통촌에서 여인을 만난 것을 알게 되었다. 우왕후는 질투심에 불타서 병사들을 몰래 보내 그녀를 죽이라고 명령했다. 주통촌 여인은 그 소식을 듣고 남자 옷으로 갈아입고 도망쳤다. 왕후의 명을 어기면 자신에게 벌이 떨어질 것이 분명하니 병사들은 사력을 다해 그녀를 찾아냈다.

마침내 그녀를 죽이려고 하자 갑자기 여인이 준엄한 목소리로 "나를 죽이라고 명령한 사람이 왕인가, 왕후인가? 지금 내 뱃속에는 고구려 왕의 아이가 자라고 있다. 너희들이 왕의 자식을 죽이고도 무사하겠는가?"라고 말했다. 그 말을 들은 병사들은 그녀를 해칠 수가 없었다. 왕후가 무섭지만 왕은 그보다 더 두려운 존재였다.

이에 병사들이 그냥 돌아와 그녀가 말한 것을 왕후에게 그대로 보고하였다. 우왕후는 자신이 간절히 바랐던 아이를 미천한 주통촌 여자가 잉태한 것을 알고 더욱 화가 나서 그녀를 반드시 죽이려고 했지만 성공하지 못했다.

이 말을 들은 산상왕이 다시 주통촌으로 찾아가 여인을 만나 물었다. "네가 지금 아이를 가졌다고 하던데, 그 아이는 누구의 아이냐?" 여인이 대답하기를 "신첩은 평생 형제와도 자리를 같이 하지 않았는데 하물며 다른 남자를 가까이 하였겠습니까? 지금 뱃속에 있는 아이는 왕의 자식입니다"라고 하였다. 이에 왕은 기뻐하며 그녀를 위로하고 여인의 가족에게 후한 선물을 내렸다.

궁궐로 돌아온 왕은 우왕후에게 왕실이 튼튼하게 유지되려면 후손이 있어야 함을 강조하고, 어떤 상황에도 자신은 우왕후를 배신하지 않을 것임을 맹세하며 주통촌 여인이 아들을 낳을 수 있게 해달라고 부탁했다. 우왕후로서도 자식만큼은 어떻게 할 수 없는 일이므로 왕의 말을 들어줄 수밖에 없었다.

우왕후의 마수를 피한 주통촌 여인은 그해(209) 9월에 사내아이를 낳았다. 산상왕은 기뻐하며 "이 아이는 하늘이 나에게 대를 잇도록 준 아들이다"라고 선언하였다.

산상왕은 하늘에 제사지낼 돼지(郊豕)가 달아난 것을 계기로 여인을 알게 되고 아들을 갖게 되었으므로 아들의 이름을 교체라고 했다. 그리고 약속대로 그 어머니를 소후로 삼고 아들과 함께 궁궐로 데리고 갔다. 이후 산상왕은 재위 17년(213) 정월에 교체를 왕태자를 삼았다. 교체는 산상왕이 227년에 서거하자, 뒤를 이어 왕으로 즉위했다. 그가 바로 동천왕(東川王)이다.

아들과 자신을 지켜낸
주통촌 여인 후녀의 현명함

주통촌 여인의 이름은 후녀(后女)였다. 후녀의 어머니가 그녀를 임신했을 때, 무당이 말하기를 "당신은 반드시 왕후를 낳을 것이다"라고 했다. 이에 그 어머니가 기뻐하였고, 딸을 낳자 이름을 후녀라 지었다고 한다. 딸에게 '왕후가 될 여자'라는 이름을 붙여준 주통촌 여인의 어머니, 그녀는 대단한 야심가이면서 위험천만한 사람이었다. 그런데 그녀가 이런 행동을 할 때에는 무언가 믿는 바가 있지 않았을까 싶다.

『삼국사기』「산상왕본기」에는 '주통촌녀'란 단어만 나올 뿐 '후녀'라는 이름은 나오지 않는다. 후녀란 이름은 그녀의 아들인 동천왕 즉위년조에 간단하게 나온다. 거기에는 "(동천왕의) 어머니는 주통촌(酒桶村) 사람으로 궁궐에 들어와 산상왕의 소후(小后)가 되었지만, 역사에 그 족성(族姓)이 전해지지 않는다"라고 나온다. 그리고 그녀의 어머니가 무당에게서 왕후를 낳을 것이란 말을 듣고 딸에게 후녀란 이름을 지어주었다는 구절이 나온다.

주통촌 사람이며 족성이 전해지지 않는다는 것으로 보아 산상왕 소후의 집안은 매우 한미했음이 분명하다. '주통촌'이란 이름으로 보아 '술 빚는 일을 특수역으로 하는 마을'이었는지도 모르겠다. 그렇다면 이 마을은 평민들이 사는 일반 촌락보다 사회적 지위가 낮은 부곡 같은 특수 촌락일 가능성이 있다.

이런 특수촌에 사는 낮은 신분의 여자가 딸을 후녀라고 불렀다는 것이다. 그 어머니도 대단하지만 그녀를 죽이려고 온 병사들을 대하는 후녀의 태도를 보면 후녀 역시 만만치 않은 사람이다. 그녀의 행동을 보면 그 어머니가 정말 자기 딸이 왕후가 될 수 있도록 왕후의 격에 맞게 예의와 성품, 행동거지 등을 교육시킨 것이 아닌가 싶을 정도로 격조가 있다.

산상왕이 밤에 처음 찾아왔을 때와 아이를 가지게 되었을 때, 그녀가 왕에게 한 말 을 보아도 미천한 집안 출신답지 않은 면모가 보인다. 우왕후가 보낸 자객을 맞아 절체절명의 위급한 상황을 맞이했을 때에도 대단히 기품 있는 모습을 보였다. 위기에 처했을 때 대범하게 대처하는 모습이나 상황에 맞는 말을 조리있게 하는 모습을 볼 때 상당히 현명한 여인이라는 것을 알 수 있다.

그렇다면 산상왕은 정말 특수부락에 사는 미천한 여자를 하늘의 뜻에 따라 소후로 맞이한 것일까? 중국 사서인 『위서』에는 산상왕이 자식이 없어 관노(灌奴)의 여자와 관계를 해서 아들을 낳았다고 나온다. 관노는 『삼국사기』에 나오는 관나부다. 즉 후녀는 관나부에 소속된 주통촌 출신 여인인 것이다.

관나부는 건국 주체 세력인 5나부의 하나지만 왕실인 계루부, 이전 국주(國主)였던 비류나부, 왕비와 국상을 배출하는 연나부보다 위상이 낮았다. 관나부 패자(沛者) 미유(彌儒)가 차대왕(次大王) 즉위에 힘을 보탬으로써 공신이 되었다. 차대왕의 측근으로 미유 외에도 환나부(桓那部) 우태(于台) 어지류(菸支留), 비류나부(沸流那部) 조의(皂衣) 양신(陽神) 등이 있었는데, 이들은 차대왕 즉위 후 각각 좌보(左輔)와 중외대부(中畏大夫)에 임명되었다. 이 중 관나부 미유는 당시 가장 높은 관직인 좌보가 되었다. 이로 인해 관나부의 위상이 잠시 올라갔지만 연나부 조의 명림답부(明臨答夫)의 쿠데타로 차대왕이 물러나고 신대왕이 즉위하면서 다시 미약한 세력으로 돌아갔다.

산상왕은 자신을 왕으로 만들어준 연나부 출신 우왕후의 위세가 워낙 당당해서 후사가 없음에도 불구하고 소후도 마음대로 들이지 못하는 처지였다. 그런 상황에서 왕이 힘을 가지기 위해서는 약한 나부를 키워 자신의 정치세력으로 삼고, 그 출신 소후에게서 왕위를 계승할 아들을 얻는 것이 가장 좋은 방법이었다. 그래서 산상왕이 이 일만은 자신의 뜻을 강하게 밀어붙인 것 같다.

왕자 출산은 우왕후에게는 가장 큰 약점이었다. 이전 남편에게서도, 지금 남편에게서도 아이를 낳지 못했기 때문에 아들을 낳은 소후를 들이는 데 반대할 수 없었을 것이다. 결국 무당이 왕비를 낳을 것이라고 후녀의 어머니에게 했다는 말 등은 모두 뒤에 갖다 붙인 명분이라고 볼 수 있다.

여하튼 그녀의 오랜 바람대로 후녀는 이름처럼 소후가 되어 궁으로 들어갔고, 아들은 태자가 되어 왕으로 즉위했다. 동천왕은 표독스럽고 막강한 권력을 쥔 우왕후의 눈치를 보면서 궁궐에서 자랐을 텐데도 매우 온화한 성품을 지녔고 능력도 출중했다. 이를 통해 그 어머니인 주통촌녀의 성품과 자식교육을 짐작할 수 있다. 그럼에도 동천왕의 생모에 관해 족성을 알 수가 없다고 역사책에 기록된 것은 아마도 어질고 기품 있는 왕의 생모라 해도 미천한 집안 출신이었기 때문일 것이다.

동천왕은 생모가 아닌 우왕후를 태후로 봉했다. 이는 우왕후와 그의 친정인 연나부 세력의 힘을 여실히 보여주는 일이지만 한편으로는 주통촌 후녀의 현명함을 보여주는 것이기도 하다. 만약 친정 배경이 없는 소후가 과한 욕심을 부려 우왕후에게 반기를 들거나 그녀를 질투해서 모사를 꾸몄다면, 그녀 자신은 물론이고 아들인 교체의 목숨도 위험했을 것이다. 소후가 우왕후의 막강한 권력 아래 살얼음판 같은 궁궐생활을 하면서 자신과 아들의 목숨을 보존하기 위해 얼마나 조심하고 또 조심했을지 미루어 짐작할 수 있다. 이런 소후의 모습은 다음에 살펴볼 관나부의 장발미인과 대조를 이룬다.

4 가죽부대에 담겨 바다로 던져진 장발미인, 중천왕의 소후 관나부인

장발미인을 사랑한 중천왕과 왕후 연씨

중천왕(中川王) 4년(251) 4월, 왕이 신하들을 시켜 관나부인(貫那夫人)을 가죽부대에 넣어 서해에 던져버리는 충격적인 사건이 벌어졌다. 관나부인은 얼굴이 매우 곱고 머리카락이 아홉 자가 되는 장발미인이었다. 중천왕은 윤기나는 긴 생머리를 찰랑거리며 걷는 그녀를 몹시 사랑했다. 그래서 궁궐에 데려와 살게 했으며 장차 소후(小后)로 삼으려 했다.

당시 왕후는 연씨(椽氏)였다. 중천왕이 즉위한 해인 248년 10월에 연씨를 왕후로 삼았다. 연나부(椽那部) 출신이기 때문에 나부의 첫 글자를 따서 연씨라고 한 것이지, 혈족 의미에서의 성씨는 아니었다. 건국 시조인 동명성왕 대에 이미 왕족은 '고(高)'라는 성(姓)을 사용했다고 하지만 엄밀한 의미에서 혈연을 바탕으로 가문을 구분하는 원래 의미 그대로의 성씨는 아니다. '고구려'의 '고'를 따서 고씨라고 했다는 것을 통해서도 알 수 있다.

다시 왕후 얘기로 돌아가면, 중천왕 대에도 할아버지 산상왕 대와 마찬가지로 왕후를 연나부에서 간택했다. 연왕후는 장발미인이 왕의 총애를 독차지할 것이 두려워 그녀를 궁에서 내보내고 싶어 했다. 그래서 어느 날 왕에게 말하기를 "제가 듣건대 서위(西魏)가 장발(長髮)을 구하는 데 천금을 주고 사려 한다고 합니다. 예전에 우리 선왕이 중국에 예물을 보내지 않아서 침공을 당해 사직을 거의 잃을 뻔했습니다. 지금 왕께서 사신 하나를 보내 장발미인을 바치면 저들이 반드시 흔쾌히 받아들이고, 다시는 침략해 오지 않을 것입니다"라고 하였다.

선왕이 중국의 침공을 당했다는 것은 위나라에서 보낸 무구검(毋丘儉)의 군대가 환도성을 공격하여 함락한 일을 말한다. 그때 동천왕은 위군에 쫓겨 남옥저로 달아났다가 추격이 계속되자 다시 북옥저로 도망갔다가 숙신 땅까지 피신해 들어가 겨우 목숨만 건지고 돌아왔던 아픈 이야기를 거론한 것이다.

중천왕은 연왕후가 질투심에 관나부인을 중국으로 보내버리려는 것임을 알아챘다. 왕은 자신의 목적을 달성하기 위해 부왕이 당했던 치욕스러운 일까지 거론하는 왕후에게 몹시 화가 났지만 일단 참고 아무런 대답도 하지 않았다.

장발미인, 관나부인의 실패한 역공

관나부인은 연왕후가 중천왕에게 했다는 말을 시녀한테 전해 듣고 두려워지기 시작했다. 연왕후가 자기를 해칠까 덜컥 겁이 났던 것이다. 자신은 아직 왕자를 낳지도 못했고, 소후가 되지도 못했으니, 대단한 친정을 둔 왕후가 언제 자기를 해칠지 모른다는 생각이 들었기 때문이다.

관나부인은 왕에게 왕후의 잘못을 거짓으로 고해 바쳤다. "왕후가 늘 저에게 시골 여자가 어떻게 여기에 있느냐? 만일 네 발로 돌아가지 않으면 반드시 후회하게 될 것이라며 욕하고 겁을 주었습니다. 생각해 보니 왕후가 왕의 출타를 틈타 저를 해하려는 것이니, 어떻게 하면 좋겠습니까?"라며 왕후를 헐뜯었다. 하지만 이때에도 중천왕은 묵묵부답, 아무런 말도 하지 않고 궁궐 밖으로 출행을 가버렸다.

왕이 기구(箕丘)에서 사냥을 하고 돌아오니 관나부인이 가죽부대를 들고 나와 왕을 맞이하며 말했다. "왕후가 저를 이 가죽부대에 넣어 바다에 던지려고 하였습니다. 왕께서는 저를 집으로 돌려보내 주십시오. 그래야 제가 살 수 있습니다. 이런 상황에서 제가 어떻게 왕을 곁에서 모실 수 있겠습니까?"라며 울었다. 이것이 거짓임을 안 중천왕이 화를 내며 관나부인에게 "네가 정말로 바다 속으로 들어가고 싶은가 보구나?" 하고는 사람을 시켜 그녀를 가죽부대에 넣어 바다에 던져버리도록 했다.

관나부인을 바다에 던진 이유는?

『삼국사기』「중천왕본기」에는 관나부인이 연왕후가 자기를 가죽부대에 넣어 바다에 던지려 했다고 참소를 하자, 화가 난 중천왕이 그녀를 바다에 던지도록 했다고 나온다. 하지만 이 부분은 그 사이에 일어난 일들이 많이 생략되었을 것이다.

그 과정을 추정해 보면 아마도 관나부인이 왕에게 왕후를 참소하는 말을 하자 정말로 화가 난 왕이 이번에야말로 연왕후에게 엄중하게 경고를 해야겠다고 생각하고 왕후에게 가서 질책했을 것이다. 왕후는 금시초문이라며 억울해했고, 왕후의 집안 출신인 국상을 비롯한 신하들도 이 일은 매우 심각한 일이니 사실을 밝힐 필요가 있으므로 조사하자고 했을 것이다. 그에 따라 왕후와 관나부인을 모시던 시녀와 시종 등 궁궐에 있던 사람들을 불러 조사를 했고, 그 결과 관나부인의 자작극임이 밝혀졌을 것이다.

왕은 왕후나 신하들 앞에서 위신이 심하게 깎이게 되었고, 이 일로 그가 추구하던 권력 강화 작업과 국왕 주도의 정치 운영이 물거품으로 돌아가게 되었다. 중천왕은 즉위하자마자 동생 예물(五勿) 등이 주도한 모반 사건을 적발해서 진압했다. 모반의 내용과 이유는 알 수 없지만 모반을 진압하는 과정에서 당시 가장 실세였던 연나부 국상 명림어수(明臨於漱)의 힘을 빌리지 않을 수 없었을 것이다. 중천왕 3년(250)에 명림어수에게 내외 병마(兵馬) 업무까지 관장하도록 권한을 강화해 준 것은 그에 따른 보답이자 결과물이었을 것이다. 아무튼 왕후와 국상이 모두 연나부 출신이므로 원래 막강했던 연나부 세력은 더욱 강해졌다.

중천왕은 할아버지 산상왕이 우왕후의 권세가 막강했을 때 관나부에서 소후를 들여 왕자를 낳게 함으로써 힘의 균형을 이루었던 것을 떠올렸다. 그러던 차에 마침 관나부 출신의 긴 생머리의 아리따운 아가씨를 만나게 되자 그녀를 궁궐로 데려와 소후로 삼으려고 했던 것이다.

그런데 이 장발미인인 관나부인이 연왕후의 1차 공격에 바로 겁을 먹고, 오히려 거짓으로 왕비를 참소했는데 그것이 조작임이 만천하에 드러나게 된 것이다. 중천왕은 그녀의 말만 믿고 사실을 밝힌다면서 궁궐을 발칵 뒤집어 놓았기 때문에 땅에 떨어진 위신을 조금이라도 찾지 않으면 국정 운영에도 지장이 생길 판이었다.

상황이 이에 이르자 선택의 여지가 없게 되었고, 결국 관나부인을 가죽부대에 넣어 바다에 던지게 한 것이다. 자신의 자리와 국왕의 권위를 지키기 위해 중천왕은 눈물을 머금고 사랑하는 여인을 처형했던 것이다. 하지만 이런 내용은 역사서에 나오지 않는다. 역사학자의 합리적인 추론일 뿐…….

끝으로 사족을 붙이자면, 같은 관나부 출신의 여인이지만 산상왕의 소후이자 동천왕의 생모인 주통촌녀와 소후가 되지도 못하고 죽은 장발미인은 비교가 된다. 이 여인들은 둘 다 고구려 내부의 정치적 역학 관계 속에서 자신의 목숨을 지켜내기도 힘겨웠던 사람들이었다. 하지만 주통촌녀는 현명하게 잘 대처해서 왕의 생모가 되는 영광을 누렸다. 반면에 장발미인은 연나부 출신의 왕후에게 어설프게 맞대응했다가 왕에게 죽임을 당한 철없는 여인으로 평가받게 되었다.

5 바보 온달을 선택한 공주, 평강공주를 통해 본 고구려 여인의 모습

평강공주는 고구려의 제25대 평원왕의 딸이다. 우리들 머릿속에 이 공주는 '바보 온달'에게 시집간 '울보공주'로 각인되어 있다. 바보 온달을 빼고는 평강공주를 생각할 수 없을 정도로 평강공주는 온달을 통해 역사책에 남았고, 우리들 기억에 남게 되었다. 『삼국사기』 열전에도 평강공주전이 아닌 「온달전」이란 제목으로 실려 있다. 열전의 이름대로라면 평강공주는 주인공이 아닌, 온달의 아내로 등장하는 조연에 불과하다.

그런데 이상한 것은 「온달전」의 내용을 보면, 이야기 중반까지 평강공주가 중심인물이라는 것을 알 수 있다. 평강공주가 어릴 때부터 하도 우니 그 아버지가 바보 온달에게 시집보내야겠다고 한 것, 나이 16세가 되어 아버지가 상부 고씨에게 시집보내려 하자 아버지가 두말한다며 말을 듣지 않으니 왕이 노해

"내 명을 따르지 않을 거면 나가라"고 했고, 정말 궁궐을 나가 온달 집으로 찾아갔다는 것, 너무 격에 맞지 않는 상대여서 온달과 그의 어머니가 평강공주를 거부했지만 끈질긴 설득 끝에 마침내 결혼한 것, 이후 금팔찌를 팔아 농토와 집, 노비, 우마와 기물 등을 사오게 했다는 것 등 모두 평강공주가 중심이다.

온달이 주체적으로 등장하는 부분은 글의 후반부부터다. 3월 3일 낙랑 언덕에서 열린 사냥대회에서 두각을 드러냈다는 것, 북주가 요동을 침략했을 때 선봉장이 되어 전쟁을 승리로 이끌어 왕이 비로소 사위로 인정했고, 대형으로 삼았다는 것, 영양왕 때에 신라와의 전쟁에 나가 싸우다 전사했다는 것 등에서 온달의 활약상이 두드러지게 나타난다.

그러나 설화의 대미는 평강공주가 장식한다. 온달이 신라와의 전쟁에 나가면서 "계립현과 죽령 이서의 땅을 되찾지 않으면 돌아오지 않겠다!" 하고 출정했다가 아단성 아래에서 싸우다가 유시에 맞아 죽고 말았다. 장사를 지내려는데 상여가 움직이지 않으니 평강공주가 와서 관을 어루만지며 "죽고 사는 것이 이미 결정되었으니 아아! 이제 그만 돌아갑시다!" 하니 드디어 관이 움직여 장사를 지낼 수 있었다. 대왕이 이를 듣고 몹시 슬퍼하였다. 이것이 설화의 끝부분이다.

설화에서 차지하는 비중으로 보나, 이야기를 풀어가는 방식으로 보나, 이 설화는 온달전이라기보다는 「평강공주전」이라

해야 옳을 듯하다. 왜 제목과 이야기가 중간에 가면서 살짝 비틀리게 되었을까?

설화에 따르면 평강공주는 자기 주관이 매우 뚜렷하고 고집도 센 여인이었다. 어릴 때 왕이 바보 온달에게나 시집보내야겠다고 농담할 정도로 많이 울었다는 것에서 그 성격의 일면이 엿보인다. 그녀는 겨우 16세 나이에 국왕인 아버지의 명을 끝내 거부하고, 혈혈단신 궁궐을 나와 온달의 집을 찾아가 결혼을 청했다. 뿐만 아니라 처음에 온달이 거부하자 그 집 사립문 아래에서 자고, 이튿날 다시 집안으로 들어가 온달과 그의 어머니를 설득한 끝에 결혼하게 되었다. 자신이 선택한 사람과 결혼하기 위해 모든 것을 버릴 정도로 자아가 강한 여인이었으며, 뜻이 관철될 때까지 밀고나가는 추진력이 대단한 사람이었다는 것을 알 수 있다.

아름다운 궁궐 안에서 예쁘게 치장하고 멋있는 남자만 기다리는 동화 속 공주들과 달리 사회사에도 밝은 여인이었다. 그녀는 궁궐에서 나올 때 보물 팔찌 수십 개를 차고 나왔으며, 그것을 팔아 농토와 집, 노비, 우마와 기물 등 살림살이를 마련했다. 이를 통해 경제관념도 있고, 궁궐 밖 세상일도 꽤 아는 사람이었음을 알 수 있다. 또한 온달이 말을 사러 갈 때 시장 사람들이 파는 말을 사지 말고 꼭 국가의 말을 사라고 한 것을 보면 세상물정도 잘 알았고, 좋은 말을 고를 수 있는 능력도 갖춘 사람이었음을 알 수 있다. 건국 시조의 어머니인 유화부인이 그랬듯이 평강공주도 우수한 말을 선별할 수 있는 능력이 있었던 것이다. 이는 군사적인 면에도 밝았음을 말해 준다.

온달에게 말을 사오라고 한 것, 3월 3일에 낙랑 언덕에서 벌어지는 사냥대회에서 온달이 두각을 드러낸 것, 이후 전쟁터에 나가 공을 세우는 것 등을 연결해 보면, 온달이 장수로서 능력을 키우는 데 평강공주의 역할이 컸으리란 점을 충분히 짐작할 수 있다. 배가 고파 느릅나무 껍질을 벗겨먹으러 다니던 온달이, 평강공주와 결혼하기 전부터 말을 타고 사냥하는 기술이나 장수로서의 능력을 갖추고 있었을 것 같지는 않다.

그렇다면 국왕이 16년 전부터 바보의 대명사로 알고 있던, 그야말로 '국가공인 바보'였던 온달이 어떻게 뛰어난 장수로 성장할 수 있었을까? 이는 평강공주의 체계적인 교육과 훈련의 결과라고 볼 수밖에 없다. 다시 말해 평강공주는 군사적 소양도 갖추었고 교육자로서의 자질도 풍부한 사람이었으며 결단력과 추진력, 고집, 자의식 모두 대단한 사람이었다.

설화 내용을 통해 볼 때 평강공주는 결코 남편 뒤에 숨는 소극적인 여인이 아니었다. 사실 고구려 사회 자체가 여성의 사회활동을 억제하고, 부부유별을 강조하는 사회가 아니었다. 고구려 고분벽화에는 종교행사나 나들이할 때 부부가 함께 하는 장면이 심심찮게 나온다. 부부합장을 하는 고구려 무덤 방 안에는 남편과 아내의 관대가 똑같은 크기로 나란히 자리하고 있다. 국중대회 때는 남녀노소가 함께 밤늦도록 노래하고 춤추며 즐겼다. 이런 사회 분위기에서 살았던 여인들이 '암탉이 울면 집안이 망한다'는 속담이 있던 조선시대 여인들과 같았을 리가 없다.

집안 배경이나 학문적 능력, 심지어는 군사적 능력까지도 온달보다 우위에 있었던 평강공주가 왜 스스로 능력을 발휘하지 않았을까? 왜 어리석은 남편을 훌륭한 인물로 만드는 데 만족했을까? 옛날 우리 어머니들이 그랬듯이 남편을 잘 받들고 자식 잘 키우는 것을 보람으로 삼는 현모양처형의 전통적인 여인이었기 때문일까? 역사서 속에 나오는 평강공주는 왜 남편을 발전시키고 자신은 그 뒤에 숨은 것으로 그려졌을까?

이 설화가 실린 『삼국사기』라는 사서의 성격에서 그 이유를 찾을 수 있다. 『삼국사기』는 유교사관에 따라 서술된 역사책이다. 잘 알려져 있듯이 유교적 시각에서는 남편은 하늘이요, 아내는 땅이다. 공주라 해도 예외는 아니었다. 부부 이야기를 전할 경우 아내는 남편을 보좌하고 받드는 존재로만 부각될 수 있었다. 평강공주와 온달의 이야기에도 이런 인식이 은연중에 반영되어 있다.

앞뒤가 맞지 않고 주인공의 성격에 일관성도 없는 평강공주 이야기는 최초로 유교사관을 도입한 『삼국사기』에 어설프게 변형된 형태로 실렸다. 그리고 유교적 생활방식이 정착된 17세기 이후 우리의 풍속과 의식이 현격히 달라지면서, 평강공주는 '훌륭한 한 인간'이 아닌 '훌륭한 아내'의 대명사가 된 것이다.

하지만 공주가 살았던 고대부터 16세기까지 여인들은 우리가 아는 전통적인 유교적 여인상과는 많이 달랐다. 삼국시대나 고려시대 여인들은 자의식이 강하고 주관이 뚜렷했으며 진취적이고 당당했다. 시기적으로 더 오래된 것을 기준으로 한다면 전통적인 한국의 여인상은 씩씩하고 당당하며 자의식이 강한 사람이라고 할 수 있다. 그런 면에서 평강공주는 가장 전통적인 한국의 여성상이라고 할 수 있다. 동시에 그녀는 가장 현대적인 여성상이라 할 수도 있다. 능력 있고 주체적인 커리어우먼의 자질을 충분히 갖추고 있었기 때문이다.

그러나 다른 측면에서 보면 그녀는 현대적이지 않다. 오늘날 여성들은 평강공주처럼 대부분 자기주관이 뚜렷하고, 개인적인 능력도 뛰어난 편이다. 그런데 이상한 점은 평강공주보다는 신데렐라를 꿈꾸는 여성들이 더 많다는 것이다. "진실로 마음만 맞는다면 어찌 반드시 부유한 후에야 함께 지낼 수 있겠습니까?"라며 스스로 온달과 결혼하기를 청했던 평강공주와 달리, 모든 것을 다 갖춘 왕자를 만나 순식간에 자신의 모든 것이 상승되기를 원하는 여성들이 많은 것 같다.

평강공주는 오늘날 한국 여성들과는 거리가 있다. 오히려 세상물정도 모르고 계산력도 떨어진다. 온달이 되고 싶어 하는 남성은 오늘날 더 많아졌지만 평강공주가 되려는 여성은 드물다. 이 시대 남녀들의 수많은 엇갈림이 여기에서 빚어졌는지도 모르겠다.

아차산의 온달과 평강공주 상(위)과 단양의 온달산성(아래)
온달이 전사한 아단성을 두고 단양의 온달산성과 아차산 두 곳에서 연고권을 주장하고 있다.

6 평양성 함락 후 적에게 끌려간 여인, 옥소의 슬픈 사랑

당나라 장안성 동시에서 처형당한 고구려 여인 옥소

당나라 수도 장안성의 시장은 늘 사람들로 북적였다. 시장 한 곳에는 실크로드를 통해 서역에서 들어온 이국적인 물건들이 가득 쌓여 있고, 한 곳에는 방방곡곡에서 올라온 곡물, 과일, 어패류, 육류 등 먹거리들이 가게마다 높이 쌓여 행인들의 코를 자극했다. 또 한쪽에는 가슴골이 드러나는 섹시하고 화려한 드레스와 노출된 어깨에 가볍게 두르는 속살이 비치는 시스루 숄 등 아름다운 비단옷들이 여인들을 유혹하고 있었다. 동서양 교역의 중심이자 통일된 천하에서 올라온 각종 물품들이 가득한 당의 수도 장안의 시장에는 없는 것 빼고는 다 있었다. 모여든 사람들도 각양각색이었다. 코가 크고 눈이 파란 서역인들과 털모자를 쓴 돌궐인, 거란인, 선비인에 멀리 동쪽에서 온 신라인과 바다 건너서 온 왜인들까지 날마다 북새통을 이루었다.

이런 장안의 동시(東市)에 아침부터 형틀이 차려졌다. 올가미를 드리운 나무 기둥이 셋이니 오늘 세 명의 죄인이 처형당한다는 것을 알 수 있다. 상인들과 손님들 모두 구경거리를 놓칠 수는 없는 법. 약속한 정오가 되기도 전에 몰려온 사람들로 처형장 주변은 발 디딜 틈이 없었다.

징소리가 한 번 울리더니 드디어 죄수들이 끌려나왔다. 여자 한 명과 남자 두 명, 모두 셋이었다. 모두 얼마나 고문을 당했는지 옷은 거의 찢겨졌고 머리는 산발이 되었으며 얼굴과 몸에는 흘러내린 피가 여기저기 굳어 있어 평소의 얼굴이 어땠는지 짐작도 하기 어려웠다.

팔이 뒤로 묶여 발을 절면서 간수들에게 끌려나오던 여자는 중간에 푹 넘어졌다가 간수가 거칠게 일으켜 세우자 다시 비틀거리며 질척질척 형장으로 걸어 올라갔다. 여자의 신분은 노비였다. 그는 주인을 독살하려 했고 남자 두 명은 그녀가 도피하는 데 도움을 주었다고 한다.

둘러싼 사람들이 기다린 시간에 비해 죄인들에 대한 처형은 너무나 짧은 시간에 끝이 났다. 죄인들 가운데 여인과 남자 한 명은 고구려 유민이고, 나머지 한 명은 족속을 알 수 없었다. 그녀의 이름은 옥소(玉素)라고 했다. 그녀를 도와주었다가 함께 죽은 남자 두 명은 이름도 알 수가 없었다.

평양성이 함락되는 날, 노비가 되어 장안으로 끌려온 옥소

옥소에 관한 이야기는 중국 당나라 장작(658~730)이란 사람이 쓴 『조야첨재(朝野僉載)』 권5에 나온다. 중서사인(中書舍人) 곽정일(郭正一, ?~689)이 당과 고구려의 전쟁에 참전해서 평양성 전투를 치렀는데 성이 함락되고 논공행상을 할 때 미모가 뛰어난 고구려 여인 한 명을 상으로 받았다. 곽정일은 정주(定州) 고성(鼓城, 지금의 하북 진현(晋縣)) 사람으로 당 태종대에 진사(進士)가 되었고, 중서사인, 홍문관학사 등을 역임했다. 682년에는 중서시랑(中書侍郎) 동평장사(同平章事)에 봉해졌는데 이때부터 동평장사는 재상(宰相)의 정식 칭호가 되었다. 곽정일은 수년간 높은 자리에서 권세를 누렸지만 측천무후 집권기에 모함을 받아 영남으로 유배 갔다가 사형을 당했고 집안이 모두 적몰(籍沒)되었다.

평양성 함락으로 곽정일이 차지하게 된 노비가 바로 옥소였다. 옥소가 원래부터 노비였는지, 아니면 평민이나 귀족이었는지는 사료에 나오지 않아 알 수가 없다. 하지만 고구려의 최후가 된 평양성 함락 당시 눈에 띌 정도의 미모였다는 것을 보면

햇볕에 그을리지 않은 백옥 같은 피부에 아름다운 비단옷을 입은 귀족 가문의 아가씨였을 가능성이 더 높을 것 같다. 곽정일이 옥소를 장안의 자기 집으로 데려가 재물창고를 담당하게 했다는 것을 보면 아름답기만 한 것이 아니라 총명하고 문자도 아는 여인이었던 것 같으니 귀족일 가능성이 더 크다고 볼 수 있다. 그녀는 곽정일이 재물창고를 맡길 정도로 신뢰를 얻었다. 그런데 곽정일이 옥소에게 원한 것은 거기에 그치지 않았다. 그는 밤에 마실 것과 죽을 찾을 때가 많았는데 옥소로 하여금 죽을 끓여 오게 했고, 그때마다 그녀를 탐했다.

옥소는 지옥 같은 하루하루를 보내며 얼굴이 점점 파리해져 갔다. 그런 그녀를 바라보면서 마음 아파하는 사람이 있었다. 어느 날 외출 길에 우연히 만난 고구려 유민 청년이었다. 그는 옥소를 보자마자 사랑에 빠졌고, 힘든 타국 생활에 지친 옥소도 같은 고구려 사람인 그에게서 위안을 얻을 수 있었다. 둘은 가끔 시장에 심부름을 갔다가 만나기도 하고 약속을 하고 근처에서 만나기도 했다. 그런 두 청춘남녀를 미소 띤 얼굴로 바라보는 사람이 있었는데 곽정일의 집에서 말을 돌보는 노비였다.

옥소는 주인에게 예속되어 있는 노비였으므로 주인의 손길을 뿌리칠 수가 없었다. 곽정일의 요구는 날로 더해 갔고 안주인의 핍박도 더 심해졌다. 옥소는 사랑하는 사람이 생기자 더 이상 이런 상황을 견딜 수가 없었다.

어느 날 밤, 그날도 곽정일이 죽을 찾았다. 옥소는 죽을 끓인 다음 독을 넣어서 들고 갔다. 정일은 의심 없이 죽을 몇 숟가락 떠먹더니 맛이 이상하다고 느끼고는 바로 "이 노비년이 내게 약을 탄 죽을 먹였다"며 소리를 질렀다. 그러고는 하인을 불러 토장과 감초를 가져오라고 해서 먹고 해독을 했다. 한바탕 소동이 일어나고 한참 지나 옥소를 찾았지만 그녀는 이미 달아나고 없었다. 그녀와 함께 집안에 있던 금은(金銀) 기물도 십여 점 없어졌다.

곽정일은 이 일을 관청에 보고했다. 그러자 황제가 직접 명령을 내려 장안 만년(萬年)의 군장(軍將) 불량(不良)에게 곳곳을 수색하도록 했다. 이것은 단순히 개인 노비의 범죄에 그치는 것이 아니라 고구려 유민들이 관련된 일이므로 황제로서도 유민들의 반란 등 불상사를 염려하지 않을 수 없었던 것이다. 이에 불량이 급하게 곳곳을 샅샅이 뒤졌지만 사흘이 지나도 범인을 잡을 수가 없었다.

그때 왕수(王帥) 위창(魏昶)이 묘안을 냈다. 그는 곽정일 집안의 노비들 중에서 나이가 어리고 단정한 자 세 명을 골라 베옷을 입고 가죽 끈으로 머리를 싸매고 관청으로 오라고 했다. 그리고 위사(衛士) 네 명을 포박하고는 최근에 어떤 사람이 와서 곽정일의 집을 염탐하였는지 물었다.

그러자 위사가 "투항한 고구려 사람이 편지를 주길래 착마노에게 주었습니다. 그 편지가 여기 있습니다"라고 말하였다. 이에 그 편지를 살펴보니 "거기에는 금성방(金城坊) 중에 빈집이 한 채 있다"라는 글만 적혀 있었다. 이것을 본 불랑이 금성방의 빈집들을 수색하였는데, 그중 한 집에 자물통이 정밀하게 채워져 있었다. 병사들이 자물통을 부수고 문을 열자 옥소와 고구려 남자가 함께 숨어 있었다. 불랑은 그들을 잡아와 모질게 고문을 하니 투항해 온 고구려 남자와 착마노가 공모해서 그녀를 숨겼다고 자백했다. 이에 옥소와 그녀를 도와준 고구려 남자 그리고 착마노는 모두 동시(東市)에서 처형을 당했다.

당으로 간 고구려 유민들의 삶

고구려가 멸망하자 그 백성들은 천지사방으로 흩어졌다. 고구려의 재기를 두려워한 당이 유민들을 중국 내지(內地)로 강제 사민시켰기 때문에 약 19만 명 정도가 당으로 끌려갔다. 남은 사람들 가운데 일부는 신라로, 돌궐로, 일본 등지로 들어갔다. 고구려의 옛 땅인 요동과 한반도 서북부 지역에는 신분이 낮고 가진 것도 별로 없는 사람들이 많이 남게 되었다. 전쟁으로 폐허가 된 고국 땅에 남은 사람들이나, 전쟁에 패해 낯설고 물선 땅으로 천리만리를 끌려간 사람들이나, 부흥을 목표로 신라로 내려간 사람들이나, 이도저도 싫어 돌궐이나 일본으로 들어간 사람들이나 모두 앞일을 예측할 수 없는 상태였다.

먼 타국 땅으로 가게 된 것은 똑같지만 지배층은 형편이 나은 편이었다. 당에 자진 투항했던 귀족들이나 보장왕의 자손 등은 당에서도 특권을 누릴 수 있었다. 물론 현실적인 차별은 있었지만 법적으로나 명분상으로 이종족(異種族)에게도 개방적이었던 당나라에서 자신의 능력을 발휘할 수 있었다. 황제의 지척에서 활동한 사람들도 있었고, 당나라의 강대함을 보여주고 황제의 성덕(聖德)과 위용을 빛내는 역할을 하거나, 고구려 고지(故地)에 남아 있는 유민들을 안무하고 통치하는 데 참여하기도 했다. 무엇보다 고구려 유민의 활동에서 가장 많은 비중을 차지한 것은 군사 활동이었다. 당 조정에서는 이종족 출신 장수들의 뛰어난 전투력을 효과적으로 활용하려 했고, 세력 기반이 없는 유민들로서는 지위를 상승시킬 수 있는 가장 빠른 길이 군공(軍功)을 세우는 것이었기 때문이다.

그러나 자진 투항하고 전쟁에서 공로를 올려 고위직에 올랐더라도 일생동안 승승장구할 수 있고, 부유하며 안락한 생활이 보장된 것은 아니었다. 어떤 사람이건 고구려 유민이 당에 정착해 무사히 살아가기란 결코 쉽지 않았다. 고위 귀족들의 경우에는 다른 사람의 모함을 받지 않게 조심해야 했고, 지위를 보전하기 위해 끊임없이 전쟁터에 나가야 했다. 평민이나 노비들은 신분적 차별에 더해 패전국 유민으로서 차별과 억압, 경제적 곤

궁과 낯설고 열악한 환경에서 적응하며 살아남아야 했다. 그래서인지 이들의 평균 수명은 그다지 길지 않았다.

피지배계층은 낯선 나라의 새로운 환경에 적응하기 위해 더 많은 고초를 겪었다. 고구려에서의 신분은 알 수 없으나 당에서의 신분이 평민이나 노비인 경우에는 말할 수 없을 만큼 고통스러운 상황을 겪었다. 그런 가운데 경제적 곤란과 신분적, 민족적 차별 때문에 어렵게 살다가 범죄에 연루되어 처형된 사람들도 있었다.

망국민으로서 자기 나라를 멸망시킨 적국에서 살아가는 일은 누구에게도 쉽지 않은 일이었지만 여자들의 삶은 더 힘들었다. 특히 단신으로 전쟁포로가 되어 논공행상으로 적의 장수에게 상으로 내려진 옥소 같은 여인들의 삶은 두말할 필요가 없었다. 어느 시기, 어느 나라에서든 전쟁은 여인들에게 더 큰 고통을 안겨준다. 6세기 말의 옥소나 21세기 여인이나 모두 똑같다. 전쟁 중의 여성 인권은 1500년의 시간이 지나도 한 발자국도 발전하지 못했다.

고구려 유민 옥소에 관해서는 2001년에 필자가 쓴 논문인 「중국 소재 고구려 유민의 동향」(『한국고대사연구』23)에 처음 소개했다. 이 책에 실은 옥소이야기는 『조야첨재(朝野僉載)』에 실려 있는 아래 사료를 토대로 약간의 상상력을 가미해 스토리텔링했다.

[원문] 中書舍人郭正一. 破平壤得一高麗婢名玉素. 極姝艶. 令專知財物庫. 正一夜須漿水粥. 非玉素煮之不可. 玉素乃毒之而進. 正一急曰. 此婢藥我. 索土漿甘草服解之. 良久乃止. 覓婢不得. 幷失金銀器物十餘. 事錄奏. 勅令長安萬年捉不良. 脊爛求賊鼎沸. 三日不獲. 不良王師魏䄟有策略. 取舍人家奴. 選年少端正者三人. 布衫籠頭至衛. 縛衛士四人. 問十日內已來何人. 覓舍人家. 衛士云有投高麗留書遣付舍人捉馬奴書見在. 檢云, 金城坊中. 有一空宅. 更無語. 不良往金城坊空宅並 搜之. 至一宅. 封鏁 正密. 打鏁 破開之. 婢及高麗並 在其中. 拷問乃是投化高麗共捉馬奴藏之. 奉勅斬於東市 (『朝野僉載』권5, p.60)

[번역문] 중서사인(中書舍人) 곽정일(郭正一)이 평양을 깨뜨리고 고려비(高麗婢)를 하나 얻었는데 이름이 옥소(玉素)였다. 매우 아름다워 재물창고를 담당케 했다. 정일이 밤에 마실 것과 죽을 찾았는데 옥소가 그것을 끓이지 않으면 안 된다고 했다. 옥소는 거기에 독을 넣어 내갔다. 정일이 급히

말하길 "이 비가 내게 약을 먹였다"하고는 토장과 감초를 찾아 먹고 해독을 했다. 한참 지나 그치자 비를 찾았으나 찾을 수 없었는데, 금은 기물 십여 점도 함께 없어졌다. 일을 갖추어 보고하니 황제가 장안만년(長安萬年)의 착(捉, 軍將) 불량(不良)에게 명하여 등이 문드러지고 솥에 물을 끓일 듯이(급히, 그리고 곳곳을 샅샅이) 적을 찾았으나 3일이 지나도 잡지 못했다. 불량의 왕수(王帥) 위창(魏昶)이 책략이 있어 사인(舍人)의 가노(家奴) 중에서 나이 어리고 단정한 자 세 명을 골라 포삼농두(布衫籠頭)하고 위(衛)에 이르게 했다. 그리고 위사(衛士) 4인을 포박하고는 10일 이내에 어떤 사람이 와서 사인 집을 찾았는가(곁눈질했는가) 물었다. 위사가 말하길, "투항한 고려인이 편지를 주어 사인의 착마노(捉馬奴)에게 주었는데 그 편지가 있다" 하여 검사해 보니 가로되 "금성방(金城坊) 중에 빈 집이 한 채 있다"라고 있고 다른 말은 없었다. 불량이 가서 금성방의 빈 집을 수색하였다. 한 집에 이르니 자물통이 정밀하게 채워져 있었다. 그 자물통을 깨고 문을 여니 비(婢)와 고려(高麗) 사람이 함께 거기 있었다. 고문을 하니 이에 투화한 고려인과 착마노가 공모하여 그녀를 숨긴 것이었다. (이에)봉칙(奉勅)하여 동시(東市)에서 참했다. (『朝野僉載』권5, p.60)

■ 참고문헌

※ 사료

- 『삼국사기』, 『삼국유사』, 『동국이상국집』「동명왕편」
- 『후한서』, 『삼국지』, 『진서』, 『위서』, 『주서』, 『양서』, 『수서』, 『구당서』, 『신당서』, 『자치통감』

※ 단행본

- 강현숙(2005), 『고구려와 비교해 본 중국 한·위·진의 벽화분』, 지식산업사
- 고구려연구재단(2004), 『다시 보는 고구려사』, 고구려연구재단
- 高句麗研究會(1996), 『廣開土好太王碑 研究 100年』, 학연문화사
- ＿＿＿＿＿＿(2002), 『廣開土太王과 高句麗 南進政策』, 학연문화사
- 孔錫龜(1998), 『高句麗 領域擴張史 研究』, 서경문화사
- 국사편찬위원회 편(1996), 『한국사 5-삼국의 정치와 사회1:고구려』, 국사편찬위원회
- 금경숙(2004), 『고구려 전기 정치사 연구』, 고려대 민족문화연구원
- 김기흥(2002), 『고구려 건국사』, 창작과비평사
- 김락기(2013), 『고구려의 동북방 경역과 물길 말갈』, 경인문화사
- 김현숙(2005), 『고구려의 영역지배방식 연구』, 모시는 사람들
- 김현숙 외(2007), 『히스토리카 한국사 고구려+백제』, ㈜이끌리오
- 김현숙 외(2008), 『왕조의 마지막 풍경』, 동녘

- 노태돈(1999), 『고구려사 연구』, 사계절
- 동북아역사재단 편(2006), 『다시 보는 고구려사』, 동북아역사재단
- ________________ (2006), 『고구려문명기행』, 동북아역사재단
- ________________ (2007), 『고구려의 정치와 사회』, 동북아역사재단
- ________________ (2009), 『고구려를 찾아서』, 동북아역사재단
- ________________ (2009), 『고구려의 등장과 그 주변』, 동북아역사재단
- 박성봉(2015), 『고구려의 남진 발전과 사적 의의』, 경인문화사
- 박시형(1966), 『광개토왕릉비연구』, 사회과학원
- 박진욱 · 김종혁 · 주영헌 · 장상렬 · 정찬영(1981), 『덕흥리 고구려 벽화무덤』, 과학백과사전출판사
- 백종오(2006), 『고구려 남진정책 연구 - 임진강에서 금강까지』, 서경
- 사회과학원 력사연구소 편(1979), 『조선전사 3(중세편-고구려사)』, 과학백과사전종합출판사
- 손영종(1990, 1997, 1999), 『고구려사』1,2,3, 과학백과사전종합출판사
- _____ (2001), 『광개토왕릉비문 연구』, 중심
- 여호규(2014), 『고구려 초기 정치사 연구』, 신서원
- 이종욱(2005), 『고구려의 역사』, 김영사
- 이케우치 히로시 · 우메하라 스에지 지음(2019), 『통구 - 집안 고구려 유적의 1945년 이전 조사 보고서』, 주류성
- 임기환 외(2009), 『고구려 왕릉 연구』, 동북아역사재단
- 임기환(2004), 『고구려 정치사연구』, 한나래
- 장창은(2014), 『고구려 남방 진출사』, 경인문화사
- 전호태(2000), 『고구려 고분벽화 연구』, 사계절
- _____ (2008), 『고구려 고분벽화 읽기』, 서울대학교출판부
- _____ (2016), 『고구려 벽화고분』, 돌베개
- _____ (2018), 『고구려 고분벽화와 만나다』, 동북아역사재단
- 정진헌 · 한규철 · 이남석 · 문명대 · 김정희(2005), 『고구려와 발해의 계승 관계』, 고구려연구재단

- 정호섭(2011), 『고구려 고분의 조영과 제의』, 서경문화사
- _____ (2016), 『고구려사와 역사인식』, 새문사
- 조법종(2006), 『고조선 고구려사 연구』, 신서원
- 조선유적유물도감편찬위원회 편(1989~1990), 『조선유적유물도감 3·4·5·6(고구려1·2·3·4)』, 조선유적유물도감편찬위원회
- 지배선(2007), 『중국 속 고구려 왕국 제(齊)』, 더불어책
- _____ (2011), 『고구려 유민 고선지와 토번·서역사』, 혜안
- _____ (2012), 『고구려 유민의 나라 제와 당, 그리고 신라·발해·일본 교류사』, 혜안
- _____ (2018), 『제3의 고구려 - 이정기와 제나라 60년사』, 청년정신
- 최종택(2013), 『아차산 보루와 고구려 남진경영』, 서경문화사

※ **논문**

- 김현숙(2001), 「중국 소재 고구려 유민의 동향」, 『한국고대사연구』23, 한국고대사학회
- 안정준(2013), 「「李他仁墓誌銘」에 나타난 李他仁의 生涯와 族源 -高句麗에서 활동했던 栅城지역 靺鞨人의 사례-」, 『목간과문자』11, 한국목간학회
- 余昊奎, 李明(2017), 「高句麗 遺民 〈李他仁墓誌銘〉의 재판독 및 주요 쟁점 검토」, 『韓國古代史硏究』85, 한국고대사학회

이외 다수의 고구려논문들도 참고하였으나 지면 관계상 생략함을 양해해 주시기 바랍니다.

■ 찾아보기

김현숙 金賢淑

경북대학교에서 고구려 수묘제와 영역지배 연구로 석사와 박사 학위를 받았고, 여러 대학에서 한국사를 강의했다. 고구려연구재단 설립 초기에 입사하여 동북아역사재단으로 확대된 이후 지금까지 재단에서 고구려사 연구와 강의, 역사 현안 관련 활동을 계속하고 있다. 저서로는 『고구려의 영역지배방식 연구』(모시는 사람들, 2005)가 있고 공저로는 『다시 보는 고구려사』(동북아역사재단, 2004), 『고구려 문명 기행』(동북아역사재단, 2005), 『고구려의 정치와 사회』(동북아역사재단, 2007), 『왕조의 마지막 풍경』(동녘, 2008), 『광개토왕비의 재조명』(동북아역사재단, 2013), 『당신이 알아야 할 한국사』(엔트리, 2013), 『고구려의 역사, 고구려인의 삶』(충북교육청, 2014), 『광개토왕비의 탐색』(동북아역사재단, 2015) 등 20여 권이 있다. 「고구려 통치체제와 영역지배방식」, 「수묘인과 수묘제」, 「고구려 유민」, 「광개토왕비」 등 논문 50여 편을 발표했다.

동북아역사재단 교양총서 8

고구려를 이룬 다양한 사람들

고구려 남자, 고구려 여자

제1판 1쇄 발행일 2019년 11월 30일

지은이 김현숙
발행인 김도형
발행처 동북아역사재단

출판등록 제312-2004-050호(2004년 10월 18일)
주소 서울시 서대문구 통일로 81, NH농협생명빌딩
전화 02-2012-6065
팩스 02-2012-6189
홈페이지 www.nahf.or.kr
제작·인쇄 청아출판사
디자인 (주)파피루스

ISBN 978-89-6187-493-9 04910
978-89-6187-406-9 (세트)

• 이 도서의 국립중앙도서관 출판예정도서목록(CIP)은 서지정보유통지원시스템 홈페이지(http://seoji.nl.go.kr)와 국가자료종합목록시스템(http://kolis-net.nl.go.kr)에서 이용하실 수 있습니다.(CIP제어번호 : CIP2019047232)
• 책값은 뒤표지에 있습니다. 잘못된 책은 바꾸어 드립니다.